摩訶毗盧遮那佛

金剛界曼荼羅

胎藏界曼荼羅

日本佛教真言宗高野山派金剛峰寺中院流第五十四世傳法大阿闍梨
中國佛教真言宗五智山光明王寺光明流第一代傳燈大阿闍梨

悟光上師法相

「智理文化」系列宗旨

「智理」明言

中華智慧對現代的人類精神生活，漸漸已失去影響力。現代人，大多是信仰科學而成為無視中華智慧者，所以才沒有辦法正視中華智慧的本質，這也正正是現代人空虛、不安，以及心智貧乏的根源。

有見及此，我們希望透過建立「智理文化」系列，從而在「讓中華智慧恢復、積極改造人性」這使命的最基礎部分作出貢獻：「智理文化」系列必會以正智、真理的立場，深入中華智慧的各個領域，為現代人提供不可不讀的好書、中華智慧典範的著作。

這樣才有辦法推動人類的進步。我們所出版的書籍，必定都是嚴謹、粹實、繼承中華智慧的作品；絕不是一時嘩眾取寵的流行性作品。

何以名為「智理文化」？

佛家說：「無漏之正『智』，能契合於所緣之真『理』，謂之證。」這正正道出中華智慧是一種「提升人類之心智以契合於真理」的實證活動。唯有實證了「以心智契合於真理」，方能顯示人的生活實能超越一己的封限而具有無限擴展延伸的意義。這種能指向無限的特質，便是中華智慧真正的價值所在。

至於「文化」二字，乃是「人文化成」一語的縮寫。《周易•賁卦•彖傳》說：「剛柔交錯，天文也；文明以止，人文也。觀乎天文，以察時變，觀乎人『文』，以『化』成天下。」可見人之為人，其要旨皆在「文」、「化」二字。

《易傳》說：「文不當故，吉凶生焉！」天下國家，以文成其治。所以，「智理文化」絕對不出版與「智」、「理」、「文」、「化」無關痛癢的書籍，更不出版有害於人類，悖乎「心智契合於真理」本旨的書籍。

由於我們出版經驗之不足，唯有希望在實踐中，能夠不斷地累積行動智慧。更加希望社會各界的朋友，能夠給我們支持，多提寶貴意見。最重要的是，我們衷心期待與各界朋友能夠有不同形式的合作與互動。

「智理文化」編委會

「梵字悉曇」研經系列之一：佛說摩訶般若波羅蜜多心經

「梵字悉曇」研經系列之一：

佛說摩訶般若波羅蜜多心經

玄蒔阿闍梨

張少強（玄蒔阿闍梨）

教授阿闍梨

中國佛教真言宗

光明王密教學會

自二千年起，便投入修學佛法，先跟從覺慧居士修習禪法，並學得《六祖壇經》和《金剛經》等佛教經典的要旨。後在悟光金剛上師所創立之「中國佛教真言宗光明流」修習秘密佛乘，歷經十數載，從未間斷。

在修禪之「見性成佛」，以及真言密法之「事相」和「教相」的旨趣，經多年修行和研究後，體驗到真言之誦讀和禪密修持的真實意義，及其對人生之影響。

現職專責智能家居和智慧城市產品的發展，並提供相關連的應用方案。兼責香港大學專業進修學院導師，教授佛教「梵文種子字研習」課程和中國佛教真言宗「香道與身心靈健康」之課程。並在中華智慧管理學會教授「種子字研經」、真言宗「聲明學」之修習等課程多年，致力發揚自覺覺他的佛教精神。

現為光明王密教學會之首席教授阿闍梨，秉承八大祖師及悟光上師以發揚真言密教的願力，舉辦各類教學活動，造福社群，達至弘揚真言密教精神之目的，望能將佛之大愛和光明照遍更多有緣人。

除了編輯十多本悟光上師著作外，其著作包括：1.「真言宗三十日談」、2.「梵字悉曇」、3.「梵字悉曇」應用篇。

序

佛法所說不過五明，所謂五明者，一聲明，二內明，三因明，四醫方名，五工考明。所謂聲明者，四明之本體，三藏之根源也。故此，一切教法皆得藉文字而傳揚，若離文字則無從起教。論云，契經體有二，一文，二義。文是所依如大地持草木，義即能依如草木生大地。所謂文字者，梵字悉曇是也。此是文字所以詮內外一切教，說顯密一切法，故三業之人同令習梵字，傳真言者更非此不能。

「弘法大師」於唐朝遇青龍寺主持「惠果」和尚得真傳兩部祕奧壇儀印契，漢梵無差，悉受於心，猶如瀉瓶。其傳者法流相承，與梵字悉曇世世相傳，無有斷裂，故代代集來，義音皆有其源，實有其證道，其理在此。

般若心經者，乃大經名也。此經數多翻譯，依「悟光上師心經思想蠡測」云：

一、鳩摩羅什譯：名「佛說摩訶般若波羅蜜多心經」（大明咒經）；

二、唐遍覺三藏譯：名「般若波羅蜜多心經」(五蘊下加等字，除「一切」二字，無功能句)；

三、大周義淨譯：名「佛說般若波羅蜜多心經」加功能句

四、法月譯：名「普遍智藏般若波羅蜜多心經」

五、唐天竺三藏不空譯：名「梵本般若波羅蜜多心經」

六、唐玄奘譯：名「般若波羅蜜多心經」

七、新疆喀什米爾罽賓沙門「般若」共「利言」等譯：名「般若波羅蜜心經」；

八、宋慈賢譯：名同「不空」；

九、宋天竺三藏施護譯：名「佛說聖母般若波羅蜜多心經」；

十、西藏貢噶禪師譯：名「薄迦梵母智慧到彼岸心經」

今「弘法大師」御講譯本即「羅什三藏」譯本也。

「弘法大師」撰「般若心經祕鍵」，就題額中分能所者，初般若心經四字所譯本經名，後祕鍵二字能譯今書名也，是般若心經之祕鍵依主釋也。其闡述者，即心經大綱樞要也，五分者，人法總通分，分別諸乘分，行人得益分，總歸持明分和祕藏真言分是也。是表現五智，五大，五相，五部等內證也。

然顯密二教中，各說智慧功德，即名般若經。謂大般若經六百卷，大品般若三十卷等即是顯教般若經也。密教般若有字，印，形，即般若，文殊二菩薩種子字，身印和本尊法相是也。是故，古來之般若心經亦有顯密二義，是顯教經者，雖說陀羅尼，未有翻其意義，視為不可翻，亦未說儀軌和壇法等，支分不具，未盡佛意，故尤是顯經也。言則，是密教經者，此經中所說真言，其「體，相，用」非陡然也。先以精闢文字說顯教諸宗法門，然後令歸入真言說般若心真言，並一部建立以心經般若菩薩為本尊修持之專屬曼荼羅以為宗，讓真言行者能作修持和體驗其功德，此即密教經是也。

故本書將以梵字悉曇般若心經和「弘法大師」所傳之「佛說摩訶般若般羅蜜多心經」為本，再以大師之「般若心經祕鍵」和「悟光上師」之「心經思想蠡測」去研習般若心經之結構和其奧義，並進一步講述真言密教心經法之修持重點，如心經之本尊，種子字，道場觀和護摩法，使讀者能進一步了解心經之「體，相，用」。

代序

代序：密教修行之方法：「曼荼羅」

曼荼羅者，密教之佛陀境界，佛世界之圖繪也。佛界全體為「大曼荼羅」，個別則為「別尊曼荼羅」。以理之體論「生其物」之大日如來，為「胎藏界曼荼羅」；以內面「智之作用」論一切如來一切智智，為「金剛界曼荼羅」。「法曼荼羅」，乃於諸曼荼羅中尊像皆書梵字（種字），此類種字曼荼羅，出自《大日經》、《金剛頂經》，各梵字皆代表某尊佛、菩薩、天神及其所象徵之原動力乃至心魂。

弘法大師《般若心經祕鍵》之「四句偈」云：「真言不思議，觀誦除無明。一字含千理，即身證法如。」所謂「一字含千理」者，真言梵字精要，是外界難求，其心得及秘要，均為密法肝心，非密法高手，無法得知。今此書，將曼荼羅中諸尊梵字及其基本應用規則，列述無遺，故定能成為一家之說。

光明王密教學會「權大精都 玄蒔阿闍梨」，自「癸未」年以來，潛心佛道，反古而求之，察先聖之意，知有真如，同聲相呼，實理同歸，故能效先聖於佛教「顯密、遮照」百工之不同悉皆不疑，然後或開而示之，或闔而閉之，以立身御世，施教揚聲。

玄蒔阿闍梨，於秘密佛教真言宗「事相」、「聲明學」，以及「梵字」之道，學識淵博，大不可量，深不可測，通達智理，知拙與巧。玄蒔阿闍梨為人，具遠大抱負，是故當仁不讓，以誠示以《「梵字悉曇」研經系列之一：佛説摩訶般若波羅蜜多心經》之善義，以作廣傳，使人能生「時時即身自證法如，念念不離如理思惟」之心，實乃本性悲懷，普賢大願行也！

光明王密教學會會長
張惠能博士居士

書於　香港大學

辛丑年仲夏諸佛歡喜之日

目錄

緣起略說

般若心經緣起略說

・釋迦牟尼佛悟了真理以後，說了將近五十年的法，歷代諸師將佛陀說法都加以分為五個階段。以時間上看來，般若教義的時間最長，約佔了整個說法時間的半數。

・元興寺智光心經疏云：「翻譯此經凡歷三代，一者秦時羅什三藏譯出之曰摩訶般若波羅蜜大明呪經，二者唐時玄奘譯出之曰摩訶般若波羅蜜多心經，三者唐時南印度人菩提流志譯出之曰摩訶般若波羅蜜多經，此三代內所譯出經同一本，各唯一紙。前一見行於世，後一尋本未獲。」

- 悟光上師般若心經的思想蠡測云：「中國所翻譯的心經十一種中（有些）已經散失，僅存有七種，可是現在（流通）只有五種。（其中）十種（可考的）經名各有不同字眼！」

- 真言宗所用的即是鳩摩羅什法師所翻之「佛説摩訶般若波羅蜜多心經」。經題有「佛説摩訶」四字，經中「遠離一切顛倒夢想」多「一切」二字，經後多「般若心經」四字之功能句。

- 龍樹菩薩所造的「大智度論」，都説「般若波羅蜜，是諸佛母，諸佛以法為師，法者，即是般若波羅蜜」。

- 「金剛經」云：「一切諸佛及諸佛阿耨多羅三藐三菩提法，皆從此經出。」

●般若心經古來有兩種說，一說是顯教經，雖有陀羅尼，但未說儀軌壇法等，支分不具，未盡佛意。二說是密經也，此經中說真言，其所用非徒然，初文說顯教諸宗法門要旨，然後令入真言門說揭諦等句，一部建立此陀羅尼為宗故為密經也。

●弘法大師以此經「心」字為般若菩薩心真言，既顯心真言之經，即是密經焉。

佛說摩訶般若波羅蜜多心經

佛說摩訶般若波羅蜜多心經—姚秦三藏鳩摩羅什譯

佛說摩訶般若波羅蜜多心經

觀自在菩薩，行深般若波羅蜜多時，照見五蘊皆空，度一切苦厄。舍利子，色不異空，空不異色，色即是空，空即是色，受想行識，亦復如是。舍利子，是諸法空相，不生不滅，不垢不淨，不增不減。是故空中無色，無受想行識，無眼耳鼻舌身意，無色聲香味觸法，無眼界，乃至無意識界，無無明，亦無無明盡，乃至無老死，亦無老死盡，無苦集滅道，無智亦無得，以無所得故。菩提薩埵，依般若波羅蜜多故，心無罣礙，無罣礙故，無有恐怖，遠離一切顛倒夢想，究竟涅槃。三世諸佛，依般若波羅蜜多故，得阿耨多羅三藐三菩提。故知般若波羅蜜多，是大神咒，是大明咒，是無上咒，是無等等咒，能除一切

苦，真實不虛。故說般若波羅蜜多咒，即說咒曰，揭諦揭諦，波羅揭諦，波羅僧揭諦，菩提薩婆訶。**般若心經**

佛說摩訶般若波羅蜜多心經

觀自在菩薩行深般若波羅蜜多時照見五蘊皆空度一切苦厄舍利子
色不異空空不異色色即是空空即是色受想行識亦復如是舍利子是
諸法空相不生不滅不垢不淨不增不減是故空中無色無受想行識無
眼耳鼻舌身意無色聲香味觸法無眼界乃至無意識界無無明亦無無
明盡乃至無老死亦無老死盡無苦集滅道無智亦無得以無所得故菩
提薩埵依般若波羅蜜多故心無罣礙無罣礙故無有恐怖遠離一切顛
倒夢想究竟涅槃三世諸佛依般若波羅蜜多故得阿耨多羅三藐三菩
提故知般若波羅蜜多是大神咒是大明咒是無上咒是無等等咒能除
一切苦真實不虛故說般若波羅蜜多咒即說咒曰揭諦揭諦波羅揭諦
波羅僧揭諦菩提娑婆訶般若心經

五智山真言宗香江沙門釋徹鴻臨書

佛說摩訶般若波羅蜜多心經－真言宗光明流「釋徹鴻大阿闍梨」臨書

梵漢般若心經簡義

（般若心經經題）

沒馱（佛）	娑娑（說）	摩訶（大）	鉢囉(二合)般誐(二合)（般若）	播囉弭哆（波羅蜜多）	紇哩(二合)那野（心）	素怛囕(二合)（經）

（歸命句）

曩謨（歸命）	薩嚩（一切）	誐攘(二合)夜（智）	阿哩也(二合)（聖）	嚩嚕枳帝（觀世）	濕嚩羅（自在）	冒地（菩提）	娑怛嚩（薩埵）

（第一人法總通分段）（因）

儼鼻嚂焰（深）	鉢囉(二合)般誐(二合)（般若）	播囉弭哆焰（波羅蜜多）	左哩焰(二合)（修行）	左囉（修智）	麼祭（時）

（行）

尾也(二合)嚩嚕(引)迦夜（照）	底娑摩(二合)（見）	畔左（五）	塞建(引)馱(引)（蘊）	娑怛(引)室左(二合)（皆，等）	娑嚩婆嚩(引)（自性）

（證）

戍儞焰(二合)（空）｜跛失也(二合)底娑麼(二合)（見，現）〈度一切苦厄〉｜伊賀（此）｜捨哩補怛囉(二合)（舍利子）｜嚕畔（色）｜戍儞也(二合)哆（空）

（入）（第二分別諸乘分段）（極無自性心）

戍儞也(二合)帝（即空）｜嚩嚕畔（如是色）｜嚕播（色）｜曩比哩(二合)他句（不異）｜戍儞也(二合)哆（空）

戍儞也(二合)哆夜（空亦）｜曩比哩(二合)他（不異）｜具嚕(二合)畔（色）｜夜（即）｜怒嚕(二合)畔娑（色是）｜戍儞也(二合)哆（空）｜夜（即）

戍儞也(二合)哆哆（空是）｜娑嚕畔（色）｜曀嚩弭嚩（亦復如是）｜吠那曩（受）｜散誐攘(二合)（想）｜散娑迦(引)囉（行）

（覺心不生心）

尾識攘(二合)喃寧	伊賀	捨哩補怛囉(二合)	薩囉嚩	達麼	戌儞也(二合)哆
(識)	(此)	(舍利子)	(是諸)	(法)	(空)

落乞叉(二合)拏	阿怒哆播(二合)曩	阿寧嚕馱	阿麼攞	尾麼攞
(相)	(不生)	(不滅)	(不垢)	(不淨)

阿怒曩	曩播哩補攞(二合)拏	哆娑每	捨哩補怛囉(二合)	戌儞也(二合)哆	焰
(不減)	(不增)	(是故)	(舍利子)	(空)	(中)

(他緣大乘心)

曩(上)嚕畔	曩吠(引)那曩	曩散識攘(二合)	曩散娑迦(二合)囉	曩尾識攘(二合)喃
(無色)	(無受)	(無想)	(無行)	(無識)

曩（無）
斫乞蒭（二合）（眼）
戍嚕怛囉（二合）（耳）
迦囉（二合）拏（鼻）
爾賀嚩（二合）（舌）
迦野（身）
麼曩室（意）
曩（無）

嚕畔（色）
攝那（聲）
彥馱（香）
囉娑（味）
娑播囉（二合）瑟吒尾也（觸）
達麼（法）
曩（無）
斫乞蒭（二合）（眼）

馱都（界）
哩也（二合）嚩（乃至）
曩（無）
麼怒（意）
尾攘誐（二合）喃（識）
馱都（界）
曩（無）
尾儞也（二合）（明）

（唯蘊無我心）

曩尾儞也（二合）（無無明）
曩尾儞也（二合）乞叉（二合）喻（無明盡）
曩尾儞也（二合）乞叉（二合）喻（無無明盡）
野嚩（乃至）
曩惹囉（無老）

麼囉喃（死） | 曩（無） | 惹囉（老） | 麼囉拏（死） | 乞叉(二合)喻（盡） | 曩（無） | 耨佉（苦）

娑敏那野（集） | 寧嚕馱（滅） | 麼哩誐穰(二合)（道） | 曩誐攘(二合)喃（無智） | 曩鉢囉(二合)比底（無得）

（一道無爲一乘心）

囉鉢囉(二合)比府(二合)怛嚩(二合)（以無所得故） | 冒地（菩提） | 娑怛嚩(二合)喃（薩埵） | 鉢囉(二合)誐攘(二合)播囉弭哆（般若波羅蜜多）

（第三行人得益分段）

麼室哩(二合)底也(二合)（依） | 尾賀囉底也(二合)（住，故） | 只跢嚩囉拏（心無罣礙） | 只跢（心） | 嚩囉拏（無罣礙）

曩悉底(二合)怛𡃤(二合)哆
(無有故)

怛嚂(二合)素都(二合)
(無恐佈)

尾播哩也(二合)娑
〈一切〉(顛倒)

底伽蘭(二合)哆
〈夢想〉(遠離)

寧瑟吒(二合)
(究竟)

寧哩(二合)也𡃤(二合)喃
(涅槃)

底哩也(二合)馱𡃤(二合)
(三世)

尾也(二合)𡃤悉體(二合)哆
(所有，等住)

娑𡃤沒馱
(一切諸佛)

鉢囉(二合)誐攘(二合)播囉弭哆
(般若波羅蜜多)

麼室哩也(二合)
(依故)

耨跢蘭
(阿耨多羅)

糝藐世(二合)
(三藐)

糝沒地
(三菩提)

麼鼻糝沒馱
(現成正覺)

哆娑每(二合)誐攘(二合)哆尾演
(故知應)

(第四總歸持明分段)

鉢囉(二合)誐攘(二合)播囉弭哆
(般若波羅蜜多)

麼賀(引)滿怛囉(二合) (是大神呪)	麼賀(引)尾儞也(二合)滿怛囉(二合) (是大明呪)	阿耨哆囉滿怛囉(二合) (是無上呪)
(名) (大神呪聲聞眞言)	(大明呪緣覺眞言)	(無上呪大乘眞言)

阿娑麼娑麼滿怛囉(二合) (是無等等呪)	薩嚩耨佉 (一切苦)	鉢囉(二合)捨麼曩 (能除)
(無等等呪祕藏眞言)	(用)	

娑底也(二合) (眞實)	麼弭哩也(二合)怛嚩(二合)哆 (不虛故)	鉢囉(二合)誐攘(二合)播囉弭哆 (般若波羅蜜多)	夜 (於)	目訖姤(二合) (說)
(體)	(第五祕藏眞言分段)			

滿怛囉(二合) (呪)	怛儞也(二合)他 (即說呪曰)	誐諦 (揭諦，行)	誐諦 (揭諦，行)	播囉 (波羅，彼岸)	誐諦 (揭諦，行動)	播囉 (波羅，彼岸)
		(聲聞行果)	(緣覺行果)	(諸大乘最勝行果)		(眞言曼荼羅行果)

僧 （僧，和合）

識諦 （揭諦，行動）

冒地(引) （菩提）

娑嚩(二合)賀 （薩婆訶）

（上諸乘究竟菩提證入）

鉢囉(二合)般識(二合) 播囉弭哆 紇哩(二合)那野 素怛囕(二合) （般若心經）

娑麼牟 （完結）

（成就已竟功能句）

梵字悉曇心經之研習

般若心經密義

• 「弘法大師般若心經祕鍵」云：「大般若般羅蜜多心經者，即是大般若菩薩大心真言三摩地法門。」

• 祕鍵略註云：「文殊者，文殊師利。譯曰妙吉祥。又云妙德，或名妙音。」即是諸佛之智德，三身之覺用也。

• 經云：「因緣生故無自性，無自性故畢竟空，即是名般若波羅蜜也。」即般若畢竟空，住法界不生智時萬法自正直也。

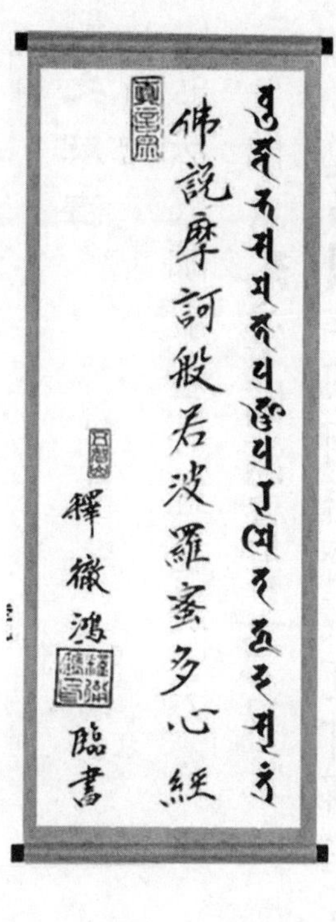

經題之解譯

「弘法大師般若心經秘鍵」云：

- 佛字圓滿覺者之名
- 說字即開悟密藏施甘露之稱
- 摩訶字就大多勝三義
- 般若字約定慧樹名義
- 波羅蜜多字所作已辯為號
- 心字據處中表義
- 經字貫線攝持等顯字

佛字的意思

- 佛者，以能說主名之圓滿覺者也。
- 經云：「此有多種會釋也。一者於佛會所說法者，假令若菩薩說，若聲聞說，餘人天說，皆名佛說也。」即如此菩薩等，皆承佛勅能說之故，名為佛說無失也。
- 又解云：「觀自在菩薩即佛名也，或分證佛也。」即佛之功德，由佛而出，即與說無異也。

● 亦解云：「此心經之說主說處眾多差別也，或時舍衛國給孤獨園說也，又或是於鷲峯山佛自說之等也。故知有眾多異本，或佛自說云，或是菩薩說云也。」然今此所譯心經，是約佛觀自說義故，名云佛說無失也。

說字的意思

● 說者，即於說字之梵語而釋其字義也。

● 開悟者，是示此甚深義之能詮文也。

● 密藏者，示所詮義，即真言等也。

● 施者，即化他之業用也。

● 甘露者，即以觀妙有真空而開悟中道義，名甘露也。依對治偏有執，偏空執病之為妙藥，故名云甘露也。

•「悟光上師心經思想蠡測」云：「佛說這二字，當然是指佛陀說過，無論佛陀曾在某些地方說此經，或後來佛的弟子將佛所說的六百卷大般若經加以綜合濃縮，都是佛陀所說的道理。」

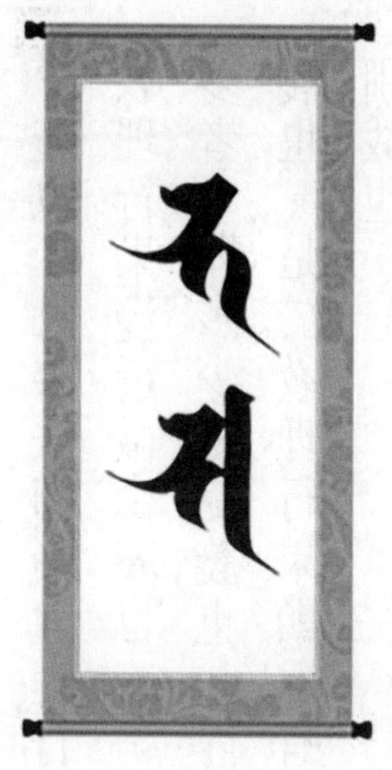

摩訶字的意思

- 摩訶者，大多勝三義者，付其梵語示釋大義也
- 大者即大小相對義也，即以大乘法即是相對小乘法之微少義也。大乘法即為教理行果廣大甚深也，小乘是為其教理行果淺近微少義也。
- 多者，即多少相對義也。即是大乘廣多義相對小乘邊少義也。是於教理行果顯示有大乘之廣多義與小乘邊少差別故也。
- 勝者劣相對義也，大乘是教理行果廣大而為殊勝也，即小乘法是此四法即為狹少也。

•「悟光上師心經思想蠡測」云：「佛的開悟是與眾不同，是世界上所有宗教中，最圓滿具足絕對的悟，在佛教中稱佛的悟叫做摩訶，是宇宙全體的悟，並非部份或止於人文的悟，是普遍通達世間出世間、平等與差別的絕對之正知的徹底之悟。」

般若字的意思

- 般若者，此云智慧也。智慧者，智論云：智約果，慧約因。
- 此有五種：(一)實相般若，(二)觀照般若，(三)文字般若，(四)眷屬般若，(五)境界般若。
- 此言智慧者，即取修慧也，非取聞思二慧也。即一切種智及一切智智也。
- 大日義釋云：「薩般若即是一切智智。」即謂名色等攝一切法，一切世，一切種遍知名薩般若。今謂一切智智即是智中之智也，非但知一切法，亦知是法究竟實際。

• 悟光上師心經思想蠡測云：「修行證悟即成佛，成佛是轉識成智，將五識轉成五智。識是迷界之心理，智是達道正確的本有智德。凡夫本來就具足五智，因為被惡的基因德性所支使，以致迷於現象，智變成了識，若依「文字般若」去做「觀照般若」，以「觀照般若」去證「實相般若」，即成佛。」

• 般若是體，即本質，亦即本有，如如，真如，所以不是有與無的智慧，而是以般若實智去看真如本性，但不要作分別心，那個便是真理，其當體就是本性。而般若不執著於相，所謂有相無相皆實相，其體是實，而其觀照作用則稱之為權。權實二類，本為一類，寂照不二，即其本體雖不動，卻能生出權智作外用是也。因為，所謂般若，乃體驗實相之智，而生起外用之智，其他皆是相之變動而已。

波羅蜜多字的意思

• 波羅蜜多者，是以菩薩之六度四攝廣大行已成就，已具辦，以為所作已辦也。

- 經云：「波羅蜜是翻云到彼岸也。」是即所作已辨義也。
- 顯幽抄云：「摩訶般若波羅者，即是所至到義。蜜多者是能至能到義。」即想名為彼岸到，翻為到彼岸，即是六度彼岸也。
- 又云：「此六總名為波羅蜜多，總名為度也。」即如般筏越生死河也。
- 亦云：「六度萬行稱之為乘者，即是六度是波羅蜜多也。」即有往來運載之用名為乘也。

- 「悟光上師心經思想蠡測」云：「波羅蜜多是從煩惱的感受世界，到了知一切無常，不被欲望的束縛證悟涅槃當體，空有不二之境地的大安心為指歸的。」
- 又云：「成佛的前提是菩薩行，菩薩以六波羅蜜為武器去打天下。布施、忍辱，是利他；持戒、禪定、智慧，是自利；精進是實踐，所以波羅蜜應該是要度過彼岸的工具。」

心字的意思

- 此心者是中心義，是肝心義也。
- 亦是堅實心義也。
- 是非取外慮心義而已也。

•「悟光上師心經思想蠡測」云：「般若心經之心，當然是講心之內容，但在這裡，也可以看做大般若經的中心思想為心字。佛教是以心為註腳的，三界唯心，萬法唯識，一言破了千古。密教說理德與智德，理德是物質精神不二之法體，智德是將中抽出精神來說的，根本是理智不二，心能影響物質，物質能影響精神，有人以為心物各別，只求解脫精神上之煩惱，物質是臭皮囊，這樣一來就違背不二法門，變成神教的二元論。」

• 心外無別法，法是由心去攝取週圍之萬法相的認識之潛意識。因此，任運自己去修證萬法為之迷（外景之萬法），由萬法來修證自己為悟（心中之萬法），以迷轉大悟為佛（轉識成智），對悟而迷即為衆生（執迷不悟）。了悟事事物物是無相實相空之無常四相顯現過程之妙有流動相，色不異空，空不異色，色即是空，空即是色。要說佛相本體實相是有，但五蘊迷情是空，組織現象是因緣法是空。因此，我們要入不二法門，不能偏於空，亦不能執於有相之見，要達致即事而真，當相即道，有為即無為，無為而無不為的全一之內容。這只有以「唯觀唯行」，以觀照般若去體現實相般若，才不会流於主觀或客觀。以直覺智智才能現成萬法之真理趣。

經字的意思

- 字貫線者，謂以文字而貫義綖也。
- 以文即是攝持義者，令不散失故云攝持也。
- 等者，即常恒法軌等是也。
- 「悟光上師心經思想蠡測」云：「佛依般若眼所見，這是種性之不同，千差萬別之本源是法性，法性之中有無量無邊之不同種性，萬物都由此展開，說此根源道理的歸結，貫穿起來的就是經。」

• 又云：「經也即是恆常不變的法則，是一種路徑。換句話來說，經是真理，聖人之言教亦叫做經，真理就是道。」

梵字悉曇心經之解譯

般若心經祕鍵要旨

• 所謂祕鍵者，祕者祕奧祕密之稱，即顯得之語。鍵者開藏示寶之義，即遮貪表德之名。

• 此略三意：

1. 二字同名能釋，所謂抽祕密教之鍵開般若經之藏也。
2. 祕是所釋之本經，鍵即能解之末喻，可謂開百福萬德密藏之法鍵，授五智三身祕寶之教鑰。

3. 三祕通經與釋，如上無異。意云，授一祕之寶鑰開三密之華藏，與五分珠鍵入兩部之玉殿，能所共祕密。

•「弘法大師般若心經秘鍵」云：

「文殊利劍絕諸戲，

覺母梵文調御師，

真言為種子，

含藏諸教陀羅尼，

無邊生死何能斷，

唯有禪那正思惟，

尊者三摩仁不讓，

我今讚述垂哀悲。」

• 文殊利劍者，文殊師利，譯曰妙吉祥，又云妙德，或名妙音，則是諸佛之智德。一切般若藏，文殊是其主，故先歸敬，又為表文殊即般若菩薩。利劍者，文殊三昧耶形，即右手所持利歎般若靈德，劍擧智慧妙體。

• 絕諸戲者，絕者，斷絕摧滅折破捨離。謂揮彼八不之智劍，拆此八迷邪魔，遣衆障於空空，覺一心於絕絕。諸者，總名，欲廣顯示斷絕本末麁細一切迷妄諸有罪障故。戲者，戲論也，謂生滅斷常去來一異等。

• 覺母者，即般若菩薩，又曼殊室利，故云佛云覺。此般若尊則大日法身之深智，遍照性佛之妙慧，說法利生周遍十方，除災與樂廣被九界。可知衆聖之帝師，諸佛之父母。梵言般若，即譯智慧，是大定相應之五智，深理互融之一心也。

• 梵文者，梵篋也，即般若菩薩兼文殊三昧耶形。從能持云篋，付所入為文，能所雖異，詮表惟一。為增長思惟力故，梵篋或名般若篋也。

• 調御師者，十號一稱，諸佛都名故，三世十方諸佛，皆依此梵文力證五智之法身，開三覺之慧眼，故名佛之師也。

• [illegible]者，此亦有二：

1. 一字俱文殊種子也。
2. 上字般若菩薩，下言曼殊室利。

• 俱一字眞言，并種子法身，又云法曼荼羅，或名法智印等，一一義理含藏無量過恒佛德，各各聲字攝收八萬四千教法，欲證得彼諸教萬德，當持誦此兩種一字。

• [悉曇字][悉曇字]是字體也字，[悉曇字]加伊字根本不可得點與遠離不可得涅槃點，是眞言顯示八不之實相義故也。[悉曇字]字上加大空點為文殊種子，是以顯示諸法之生空法空二種無我義。

• 真言者，總釋陀羅尼義讚云：「真者真如相應，言者真詮義。」為表現神秘一如而以具體的去把握得表現「真之言語」而言，即曰真言。

• 為種子者，是因緣生物義也，若從因緣生法則為無常法也。有兩義：

1. 即生因種子，若生從生因種子物者，是皆不離無常義。

2. 了因種子也，生從了因種子物，不無無常失而已。

- 此文殊是雖非生因種所生，而從了因種子所生者故，文殊無無常，所以依了因義故。

- 含藏諸教陀羅尼者，即上所述二字眞言總攝也。諸教者，顯密二教是也，或大小乘諸教是也，是即五乘法教也。即於 [illegible] 二字攝盡彼一切教義也。陀羅尼者，弘法大師字母釋云：「所謂陀羅尼者梵語也，唐翻云總持。總者總攝，持者任持，言於一字中總持無量教文，於一法中任持一切法，於一義中攝持一切義，於一聲中攝藏無量聲，是故名無盡藏，是為總持。」此二字眞言總攝盡諸教所說空，有二義也。

• 無邊生死何能斷者，即問此真言斷惑之勝等也。無邊生死者，即從無始以來至未來際有無量無邊之分段變易生死海。何能斷者，即斷滅此流轉生死法事。

• 禪那者，禪那梵語也，此云靜慮，禪定名也，即當此三摩地法門。正思惟者，正思惟即定中智，唯有思惟修習文殊所說八不中道理之禪定智惠勝業所為之也。若具論之，禪那者定中定，正思惟定中智。又上二字涅槃，下三言菩提。

• 尊者者，即般若菩薩也。又此菩薩大日所變之蓮體，遍照能說之輪身，故於諸尊中獨尊最尊。

• 三摩者，即三摩地也。定之梵號，即是妙覺輪圓之深禪。

• 仁不讓者，仁者是慈愛義也。不讓者是於物能雖有仁慈心，而於非機之人輒莫許讓委付此深法云也。如世人慈育稚子，雖復情無所悋，而不授與干將莫邪，以不知運用方便故，必傷其體。

● 我今讚述垂哀悲者，是為成辦所造祕釋故。於般若和文殊師利菩薩求索其加被擁護之冥助意也。又於開說深祕教門，有二種門也：制門和開門。又如祕藏寶鑰云，此有二種：悲門和智門。大悲之門開而無遮，大智之門制而無開。

般若心經之結構

‧ 經文一般都分為三段，起初先説序文，然後説正宗文，後説流通文。這部心經省略了序文及流通文，與普通之經文不同。

‧「弘法大師般若心經秘鍵」的分段解釋，大小乘之分別，一目了然。其分類如下：

1. 人法總通分—是由觀自在菩薩至度一切苦厄。
2. 分別諸乘分—舍利子色不異空至以無所得故止，歸納為分別諸乘分。
3. 行人得益分—這段經文由菩提薩埵至阿耨多羅三藐三菩提止為行人得益分，稱為實行法門。佛教不單是研究學術，在其學術上還有目的存在。

4. 總歸持明分—這段經文由故知般若波羅蜜多至真實不虛為止，稱總歸持命分。持命梵語曰陀羅尼，陀羅尼即是真言，或云咒、明、總持。持是能持一切諸善法之義，是能照破生死煩惱黑暗的光明。

5. 秘藏真言分—秘藏真言分即揭諦揭諦，波羅揭諦，波羅僧揭諦，菩提薩婆訶。這真言包括了般若真理的全部。

歸命句義

歸命一切智字義

- 𑖡𑖦此翻云歸命，亦云稽首，又云頂禮，亦直云禮，又云敬禮，敬從，度我，救我，驚怖等也。

• 此云薩般若，亦即一切智智義。

• 仁王經云：「如如文字諸佛智母，一切眾生根本智母，薩般若體不生不滅，一切衆生以之為覺性。」

• 即行者若能如是了達，則入一切旋陀羅尼，能以常明而照世間，同彼毘盧遮那，而恒轉大法輪，願入悉曇者，令顯法曼荼羅之身，迴諸眾生，受一法樂。

• 全雅云：「本初歸命三部諸尊種子。」

• 大日義釋云：「薩婆若那即是一切智智，亦一切智」即謂名色等攝一切法，一切世一切種遍知名薩般若。今謂一切智智即是智中之智也，非但知一切法，亦知是法究竟實際。

第一人法總通分段

• 第一人法總通分，即觀自在菩薩至度一切苦厄。

• 人法總通分有五：因，行，證，入，持是也。

• 言觀自在能行人，即此人本覺菩提為因。

• 深般若能所觀法，即是行。

• 照空，則能證智。

• 度苦則所得果，果即入也。

• 依彼教人智無量，依智差別時亦多三生三劫六十百妄執差別，是名時。

觀自在菩薩義

觀自在字義

- 聖義，即聖正也，是則正義也。
- 觀世義，觀者能觀之智，世者所觀之境。
- 自在義，即初入蓮花三昧之異名，又得度性空彼岸也。
- 軌云：「聖觀自在，又聖觀音。」
- 正觀音，此尊諸觀音中根本總體故，正義也。
- 疏五云：「謂如來究竟觀察十緣生句，得成此普眼蓮花，故名觀自在。」
- 悟光上師心經思想蠡測云：「觀是觀照，我們以心為鏡，觀照萬物。心之認識為見，心見為之觀。普通肉眼所見為之見，肉眼見物不知萬物是法性之幻變，執為實有，貪著迷戀現象，現象是無常遷變故有生滅感，不能常恆故內心起恐怕煩惱，這煩惱不但在現世，還是帶到死。」

• 又云：「自在是自性之常在，普通云自由自在，你若以觀照般若去悟到佛性之面目，什麼都不被迷情所遮，就於時空自由自在了。」

菩薩字義

• 菩提義，謂如實知自心。

• 薩埵義，即忍示修行堅持不捨之義。

• 大藏一覽集云：「菩提薩埵，薩埵即謂眾生以求菩提未得故名。」又云：「五秘密瑜伽中，薩埵有三種，一者愚童薩埵，二者有識薩埵，三者菩提薩埵。」

• 住心品釋云：「三菩提者正覺正知義。」

• 約如來之行等即如來大悲之行故名菩薩。

• 悟光上師心經思想蠡測云：「菩薩是菩提薩埵，菩提是佛性道之別號，佛性是覺體，薩埵是有情，當然是有覺性有感情的人。那麼，觀自在菩薩是能觀照佛性的人，普通的凡夫就不名觀自在菩薩。」

• 又云：「菩薩是成佛的實行者，故要發出大悲心。」

• 亦云：「菩薩有覺悟的理智，具足慈以與樂，悲以拔苦之德，故菩薩會被眾生崇拜，其精神已證實相，就成為長生不死的完人了。」

• 又云：「菩薩不一定是法師才可以當，居士們能體悟佛理，起大慈悲去救世，即菩薩。菩薩不限於塑像之菩薩，是活靈靈的行者才堪稱菩薩的。」

行深般若般羅蜜多時義

行深般若般羅蜜多時字義

• 此翻云深，非大菩提為法界主無由相稱，故所修學皆名為深。應勤趣證或此一切諸菩薩行眞如實相難可圓證，智慧觀照難可獲得，詮教文字難可悟說，萬行眷屬難可成就，有空境界難可通達，以慧為首，餘性或資皆名般若，故並名深。又言，妙理玄邈不可思議，又乘不能曉，凡夫所不測，故名為深。

• 此云般若般羅蜜多義，其為深者究竟之義，故此深般若波羅蜜多不可得相。

• [illegible]此翻云行，又修行修智義。正觀觀理念念增長名之為行，若所學法，若能修學，皆菩薩行，勇猛熾然依法修學不見行相，是名為行。

• [illegible]此翻云時，若依世俗，信學修證求照達空。若依勝義，悟法體空修行般若，事緒究竟總名為時。

• 悟光上師心經思想蠡測云：「智慧有深有淺，有優有劣，所謂深般若就是深的智慧，行是修行。」

• 又云：「人空是無我，無我才能離開我執。法空則離開一切善惡苦樂迷悟凡聖等等差別法。人我皆空之後，則法亦空，人法俱空，就見到真理實相，見了實相就是深般若。」

• 亦云：「行深般若之初是空，叫我們入道，將一切執著我見殺盡，不再執著心所諸法與萬物法相認為實有。」

- 又云：「我們凡夫的心都是被週圍的境界迷惑，成為墮落之緣，人能觀察凡所有相皆是虛妄，離了人相、我相、眾生相、壽者相，即心自平靜。以天下萬物為友，一切行處為道場來生活，這世間看做是佛性之變現，佛法之現成，才是般若的妙用。」

照見五蘊皆空義

- 照見五蘊皆空字義

照見義，又所觀境義。正觀者行深般若念念增長現前名照，照之分明名見。

• [illegible]五蘊義，以色受想行識名為五蘊。通因及果悉聚眾法而以之，故通名蘊。

• [illegible]等義，亦皆義。等言等取處等諸法，此之五種皆空故，言等皆空。等者等取十二處，十八界，十二緣起，四聖諦，因果位。

• [illegible]空義，又自性空義。空者畢竟空義，前破能觀執顯能觀空，今破所觀執顯所觀空。謂計所執本體非有相無自性，所以稱空。又此空者即眞如理，性非空有因空所顯，遮執為有故假名空。今推歸本體即眞如，事離於理無別性故。由此經言。一切有情皆如來藏。一切法等皆即眞如，說有相事則無相空也。

- 執為有故假名空。愚夫不知執五蘊等定離眞有，起相分別，今推歸本體即眞如，事離於理無別性故。
- 悟光上師心經思想蠡測云：「五蘊是色受想行識，即諸法與法相，諸法是心所法，法相是色法。色法是物質界，具有質礙之物，也就是色界。但精神原因之識大是遍透性的，有物質就有識大，若無識大就不能凝成體積，所以心物是不二的」
- 又云：「由物質中發用出來的就是心精神，這精神之本源就是智德，具有四種智德、即大圓鏡智、平等性智、妙觀察智、成所作智。」

• 亦云：「蘊藏之潛在意識，即色加受想行識製造之法，由眼耳鼻舌身五根所收之法，各有不同感受之潛在意識，故曰五蘊。」

• 又云：「若果用深般若去觀照，萬物原來性空、無我、無人、無生死、無凡庸與聖智，是法性真空平等的。」

• 亦云：「其實法性之實相不止於此，這法性佛性換句話來說，是理則與智用之靈體，肉眼看不見故假名空。」

• 又云：「五蘊之境象雖無常之假現象，但具本體之五智，五智是五大之用。為脱離執著煩惱，即說此否定法，然後於否定的基礎上肯定起來建立萬法，宗教之目的止於此。」

• 亦云：「這當體即假名大遍照如來、法身佛，其中之理德名如來，其智德名佛，其運作之力即報身佛，顯現的名化身佛。」

• 又云：「萬物個個是法性當體，經云：『一切眾生悉有即佛性。』萬物不是被造，是當體之化現，這當體歷萬古而常恒。」

度一切苦厄義

• 度一切苦厄字義

• [illegible]見義，即正見體得，見五蘊皆等自性空也。

• 亦度一切苦厄義，此示觀利益，由修正觀除一切因果患累證二涅槃。

- 所謂度者，滅也，銷除之義，即以斷除苦厄正習超過生死，安穩自在。
- 言度一切苦者，明無餘涅槃。即以正觀力照達五蘊果患空故，漸次能滅生死苦果，證得如來無餘涅槃。
- 言度一切苦厄者，明得有餘涅槃。通而論之一切煩惱皆能厄縛眾生令惱，別而論之亦有四厄：欲，有，見，無明，此四繫縛眾生令受諸苦。以正觀力照達煩惱因患空故，漸次銷除生死厄因，證得如來有餘涅槃。
- 悟光上師心經思想蠡測云：「五蘊皆空是依迷情的凡夫說的，了解道理之後，一切生活無不是大光明的境地，一切的苦受災厄都會變成如來之業。」
- 又云：「苦樂是迷悟之差，悟之樂不是世間之迷情的樂，是一種自我即入宇宙佛性之樂，是沒有世間相對的苦樂，是絕對的大我之樂。世間有苦就有樂，但此苦樂是暫時性的，是一種迷情。」

• 亦云：「有苦的反面就有樂，有樂就有苦。人要樂受一定要在苦中求。以苦當做樂去生活，才有樂的結果。有這樣的般若透視，方得度一切苦厄。」

舍利子義

舍利子字義

• 今義，此義。

• 舍利子義，亦舍利弗義，身子義。即自身，亦身口意具足義。

- 𑖨𑖲𑖢𑖫𑖳𑖡𑖿𑖧𑖝𑖯色空義，色之空性也。
- 𑖫𑖳𑖡𑖿𑖧𑖝𑖯𑖨𑖲𑖢空亦如是色義，空性即是色也。即宇宙之現象之真實不變之本性也。

此段漢譯中略之，以為精純故。

- 舍利子者，即為舍利子說正觀，大分為二：初明所觀理，後明能觀智，然舍利子於二乘中智慧第一也。初中有二，謂略與廣。略中又二，初就色蘊，後例諸法。就初有二，初唱對揚號，後正顯眞理。此即初也，然以般若是菩薩法，所以今告舍利子者仍欲引小趣向大，故二乘之流執法情固可頓化。

● 舍利子者，即為舍利子說正觀，大分為二：初明所觀理，後明能觀智，然舍利子於二乘中智慧第一也。今親對佛知法性空，勸其衆類宜同於我，達法無性不應執實。

● 梵語舍利弗怛羅，此云鶖子。此鶖黠慧音聲及縛縱任自在。

● 悟光上師心經思想蠡測云：「佛對大弟子舍利弗說，色與空是相同的，既然如此，反過來說，空與色亦是一樣的，所以要認定色就是空，現象即實在，空就是色，實在即現象。」

● 又云：「釋尊的大弟子中有一位智慧第一的舍利子，舍利子之母親名叫舍利，是一種目光銳利的鳥名，舍利之子，故名舍利子。釋尊說法的時候，說到此般若的道理，就叫舍利子出來做代表，因為大眾中能了解般若義理的人很少，所以叫他做為演說的對手。」

第二分別諸乘分段

- 第二分別諸乘分，即色不異空至無所得故。
- 分別諸乘分，亦五：建，絕，相，二，一是也。
- 初建者，

1. 所謂建立如來三摩地門，色不異空至亦復如是也。
2. 即極無自性心之義也。
3. 建立如來即普賢菩薩祕號，普賢圓因以圓融三法為宗，故以名之。
4. 又是一切如來菩提心行願之身。

5. 於此佛乘中，正明建立諸法緣起義也，故名為建立如來也。

6. 又即緣起諸法是從如來藏建立，而圓滿融相攝之由來義也。

• 二絕者，

1. 是諸法空相至不增不減也。

2. 是示覺心不生心義也。

3. 所謂無戲論如來三摩地門是也。

4. 言無戲論如來，即文殊菩薩密號。

5. 文殊利劍能揮八不，絕彼妄執之心，是故以名。

6. 亦即諸法相絕絕，而示立八不中道義意也。

- 三相者，
  1. 是故空中無色至無意識界也。
  2. 是示他緣大乘心，法相唯識義也。
  3. 所謂摩訶栴多羅肙地薩怛嚩三摩地門是也。
  4. 大慈三昧以與樂為宗，示因果為誡。
  5. 相性別論，唯識遮境，心只在此乎。
- 四二者，
  1. 無無明至無老死盡者，即是因緣佛之三昧。
  2. 是示唯蘊無我心，拔業因種心是也。
  3. 即聲聞緣覺二乘人所行法義也
  4. 是即二乘三摩地門也。
  5. 無苦集滅道者，此是一句五字即依聲得道之。

• 五一者，

1. 無智至無所得故是也。

2. 是示一道無為一乘心義也。

3. 即阿哩也嚩路枳帝冐地薩怛嚩之三摩地門也。

4. 此得自性清淨如來。

5. 以一道清淨妙蓮不染，開示衆生拔其苦厄。

6. 智舉能達，得名所證，既泯理智，強以一名。

• 始於極無自性心，是始明染淨義之緣起法，是初際由諸義故，初前明建立如來三摩地門義也。

• 次所以明覺心不生，他緣大乘心，拔業因種心，唯蘊無我心之次第，從深住心漸次出淺住心次第也，又從本趣向末次第也。

- 次最後所以明一道無為心者，是示攝末歸本義也，此一切諸法遂還歸一乘一道法故云爾也。

色不異空空不異色義

色不異空空不異色字義

- [illegible]色義，即觀見因緣色。
- 此正顯眞理，即色等諸法因緣所生而無自性，即色宛然空如中論云，衆緣所生法義，然即所有色法衆緣合，但有假名。
- [illegible]不異義。
- 即是不壞假名而說實相。若色實有與理異者，於性空中應有色法。

• 空義，即空者中道也。

• 以空寂義強名為空，不如對有而言空也。

• 故色不異空者標俗不異真。今菩薩以眞正觀見因緣色即是中道，故名色不異空，破執世俗所取色外別有真空。

• 空義，乃般若真空義。

• 不異義，然空之與色其體無殊。

• 色義，即一切法趣色即一切皆色義。

• 故空不異色者標真不異俗，不悟真空執著諸色妄增惑業輪轉生死也。

• 悟光上師心經思想蠡測云：「要說明五蘊的迷情是空，組織的現象是因緣法是空，但佛性本體實相是有的。為使大眾不偏於空、不偏於有起見，詳細分析令入不二法門。」

• 又云：「起初要破執著故說空，人皆執著現象之色法，如身體確認是一個堅實的有，卻是法性中的六大，各元素組合而有的，死後化為塵埃還歸元素。」

• 亦云：「其他天地萬物皆如是，物理上而言是物質不滅論，物質如此精神上之四蘊亦如此。這是萬物諸法之常理，故請不要執迷現象。」

色即是空空即是色義

色即是空空即是色字義

• 即義，乃必以體一而即義。

• 色是義，今顯二色性即空如無相無為非詮智境，應捨二執求趣真空。

• [illegible]空義，即法性空義。法性之色體即真相也。

• [illegible]即義，乃必以一體而即義。

• [illegible]空是義，法無自性故說為空。

• [illegible]色義，即空之色為妙色故不礙存也。

• 悟光上師心經思想蠡測云：「空變有就是現象，水受熱氣所迫變成蒸氣就是空。」

• 又云：「這樣來反覆觀察時，即前面說過，水即是冰，冰即是水，水喻空，冰喻色，金即器，器即金，金喻空，器喻色。水與金喻本性，冰與器喻現象，冰冰皆水，器器皆金。就是色即是空，空即是色。」

受想行識亦復如是義

受想行識亦復如是字義

- 即亦復如是義，乃正如前述，亦如後述也。
- 即受義，能領納境起苦樂捨名受。
- 即想義，能取於境有相，無相，小，大，無量，無少所有分齊名想。
- 即行義，思造善惡無記分位，及諸心所等遷流名行。
- 即識義，心意識三皆能了別並通名識也。
- 如是色與空不異餘四蘊等諸法亦爾，恐彼疑謂唯色不異空耳，餘法不爾故，舉四蘊等亦皆例同色，色者謂四大種。

- 亦受想行識自性空，不由空故。
- 心分為受想行識，心是四者之總和名心王，其中之心所法為心數。因為主宰之基因德性多，故經云心王心數過剎塵，心所是心王之眷屬，即精神中有主人與眷屬。心動就是某基因德性登台為主人，卓然存在地支配眷屬，眷屬是出入不定的。色法入心引起受法，受法轉想，想轉行，行轉識，識就是心王，受、想、行是作用。
- 悟光上師心經思想蠡測云：「人們因為不了解色即是空的道理，丟失東西就起煩惱，物品破損就念念不忘不捨，日常的生活中妄想橫飛，若果了解心的作用，受、想、行、識、五蘊皆空就自然不會執著。」

- 又云：「一般坐禪以為只管打坐，像木石一樣，不去觀照萬物之無常性，暫時麻醉般的枯坐，這都會入於頑空狀態的。」

舍利子是諸法空相義

舍利子是諸法空相字義

- [illegible]即今，此義。
- [illegible]即舍利子義，智慧第一義。
- [illegible]即是諸法義，此中所學五蘊十二處十八界，十二緣起，四聖諦。因果位之法。
- [illegible]即空相義，所言空者，畢竟空理寂寥清淨之義為空，相者體也。

• 前言法體空，今言法義空，是諸法者，指前對空色受等法也。

• 雖舍利子智慧第一一聞千解，而究竟理甚深重極一聞不信解，重聽方信解。故前略說令驚機情專注渴仰，今為廣說使生信解迴少向大。

• 一切諸法以畢竟空如如之理為體性故，夫眞理者一切法之本性。

• 此五蘊等萬法歸眞，即同一味為畢竟空。如經中言，一切衆生皆如也，一切法亦如也，衆賢聖亦如也，乃至從無住本立一切法。

• 悟光上師心經思想蠡測云：「舍利子，如上段所說，佛陀叫他來做聽眾的代表。」

- 又云：「諸法一般所謂色心二法。應該物質之色法名法相，心所法名諸法空相，是有其境而無實體，物質也是組織因緣所生法，心所法亦是認識而已，本原自性是妙有的空相，諸法是空相之妙有。」
- 亦云：「現象之第二義俗諦是戲論性的，但真諦之第一義是真如本性是無戲論性。」

不生不滅義

不生不滅字義

- 𑖀𑖡𑖲𑖝𑖿𑖢𑖯𑖟即不生義，本無今有名生。
- 𑖀𑖡𑖰𑖨𑖺𑖠即不滅義，暫有還無名滅。
- 乃實相之體本無生滅也。

• 而中論云：「不生亦不滅，不常亦不斷，不一亦不異，不來亦不去。」

• 故曰：「不生不滅已總破一切法。」

• 又云：「為本際無邊煩惱藏所縛，從無始來生死趣中生滅流轉。名眾生界。謂凡夫等是生滅位，第一義空性非生滅，故經以不不之。」

• 又謂此真空雖即色等，然色從緣起，真空不生色，從緣謝，真空不滅。

• 不生不滅，不二法門，無諸分別，離言觀等，皆此觀攝。

• 然不生等佛法之體，正教之要，義味無盡，由不生滅得不斷常。

• 又不生不滅，在道前凡位，謂諸凡夫死此生彼，流轉長劫，是生滅位，真空離此故云不生不滅也。

- 悟光上師心經思想蠡測云：「上面說過，身心、空有、現在與實相、天地萬物皆是隱顯之別，根本都是不二的。在成住壞滅的無常過程中，知其遷變，才有生命觀念。這現成之生命之認知是凡夫，小乘人欲覓求實相之空理，以解冰歸水般地用析空觀去證悟此本性，往往放棄現象住著於空，都會變成死漠之偏空。」

- 又云：「宇宙本性的性質是常恆之動。換句話說：無常即本性，若沒有無常就沒有生命。無常之動力即生出萬物之力，這種本然之佛性羯磨力，沒有名字，我們假名叫做生其物。生其物是潛藏於諸法與法相之奧底，是萬物生命的源泉。」

• 亦云：「了悟的人就不再用析空觀直接認知，悉有一切及當下的活動即佛性。這佛性是不生不滅的，顯現與隱藏都相同。生滅之相是顯，不生不滅是本源的理智之德。」

不垢不淨義

不垢不淨字義

• [梵字]即不垢義，斷未盡故名垢。

• [梵字]即不淨義，已斷障故名淨。

• 既無生滅豈有垢淨。

• 大論云：若法不生不滅如虛空，云何有垢有淨，色等諸法本無所有故不可得有垢有淨。

- 福智圓滿最極淨也，此皆染淨相翻緣修，若此性覺真空不容有，是故總不之。
- 不垢不淨者，謂諸菩薩障染未盡淨行已修，名垢淨位，真空離此故名不垢不淨。
- 悟光上師心經思想蠡測云：「垢與淨是凡夫五蘊之認識，第一義中之佛性當體是沒有淨垢之別的。」
- 又云：「迷著的凡夫只見現象，不見自性本來清淨。」
- 亦云：「修行人悟入此平等無差別之本位後，從平等上建立差別，才能生活作為，因為凡夫未見到自性，執著殊甚起了煩惱。起了煩惱執著是心，心物不二故影響物質上生病。」

不增不減義

不增不減字義

- 即不減，翻此名減。
- 即不增義，相廣名增。
- 此就增減門遣執顯理，既無垢淨豈有增減乎。
- 在道後佛果位中，生死惑障昔未盡，而今盡是減也。修生萬德昔未圓，而今圓是增也。真空離此故云不增不減。
- 圓成實性以不起故不增不減。
- 生滅即是有為通相垢淨止辨諸法自性，增減言顯法上義用理實，三空通有六相經意正顯是自性空，生法二空所顯真理通與迷悟為所依故。

- 悟光上師心經思想蠡測云：「不增不減是宇宙本體之法性，增減是現象，現象有因緣所生法之增減。相同是人即是不增不減，如四肢五臟六腑等等都人人具足，但有貧富、高矮、美醜等等之增減差別。」
- 又云：「無論何物都具足六大，但水是水、火是火、木是木、石是石，同一物都不同形像，這增減是假象，但其本性相同。」
- 亦云：「我人凡夫執著現象以為有增減而不平，生起不滿，古人云：迷故三界城，悟故十方空，本來無南北，何處有西東。」

是故義

是故字義

- 𑖝𑖭𑖿𑖦𑖯𑖝𑖿即是故義，副詞，亦如是故也。
- 𑖫𑖯𑖨𑖰𑖢𑖲𑖝𑖿𑖨即舍利子義，乃自身，莊嚴身也。漢譯省略之。
- 舍利子者，即智慧第一義。莊嚴身者，一切智者之自身，凡聖同體，即佛之化身或等流身。
- 漢譯省略之者，梵文中強調佛性內包含自身，因此三次呼舍利子，作强調義。
- 是故者，即上以色等體義總對於空明不異，猶恐義不明，今乘前起結説是故言，此言通下諸所無法也。

• 悟光上師心經思想蠡測云：「這段經文是承上面的，『諸法空相，不生不滅，不垢不淨，不增不減』的道理而來的。然後才說出『空中無色，無受想行識』來。」

空中無色義

空中無色字義

• [illegible]即空義，此空性也。

• [illegible]即中無色義。

• 今對說無，所執空中體義俱寂，故所執蘊其性都無。

• 如大經云，色蘊空寂清淨句義是菩薩句義等，依世俗諦色等可有，以勝義諦色等皆無。

• 初是故空中者，是前不生不滅等，真空中故，無色等者，彼真空中無五蘊等法，此就相違門故云無也。

• 悟光上師心經思想蠡測云：「空中即是天下萬物之本性，這本性即所謂佛性、法性、真如本性、諸法體性、法界體性、六大體性等等名詞。」

• 又云：「這體性是歷萬古而常存不生不滅的，森羅萬象之體性。未受基因種性業力推動顯現法相以前，是沒有受想行識的分別，亦沒有萬物之名，沒有有情可說，這空中都沒有形相，也無精神上受想行識等心理作用。」

無受想義

無受想字義

• [illegible]即無受義，此即感覺亦有其空性也。

• [illegible]即無想義，亦即思辨也有其空性義。

• 前之無色乃開始，真空妙有之理詳加述之。

• 有為之法尚非定蘊，所執蘊等何理成真，法性空如故非蘊相。是故空中都無五蘊。

• 此即第一遣五蘊門，謂諸法空具六種相是故空中無五蘊法。

• 由耳根接受一切聲法，由鼻根接受一切香法，由舌根接受一切味法，由身體之神經接受一切外界的寒熱、堅軟、痛癢等等感觸，這眼耳鼻舌身就是五根，如門戶一樣接受來客。

• 種種的分別諸法留在心中蘊藏，現代名詞來說就是潛意識，這蘊藏之心不是肉團的心臟，是在我人的小後腦。會時傳給大腦，經大腦消化，幻出記憶重現。

• 悟光上師心經思想蠡測云：「受即是接受外來之物一樣。」

• 又云：「所受客塵諸法，起了善惡苦樂等等想像作用，這就是想。」

行識義

行識字義

• [Siddham] 即無行義，有為法義。

• [Siddham] 即無識義，認識作用義。

• 此中五蘊，即合色為一開心為四。

• 大經次言，復次舍利子，諸菩薩修行般若波羅蜜多時，應如是觀，菩薩但有名，般若波羅蜜多但有名，色受想行識但有名，乃至廣說。

• 悟光上師心經思想蠡測云：「潛在意識重現時，由宿業之基因德性製造種種姿態，作遷流變化，這動態就是行。」

• 又云：「判斷分析之功能是識，識之作業力即是基因德性。」

• 又云：「這分明是分別諸乘的開示真空妙理。從凡夫有進入空門，去度凡夫之執著現象所起之一切煩惱。諸乘分別有五種，人、天、聲聞、緣覺、菩薩。」

無眼耳鼻義

無眼耳鼻字義

- 𑖡即無義也。
- 𑖓𑖎𑖿𑖬𑖲即眼義，眼以見色為義。
- 𑖫𑖿𑖨𑖺𑖝𑖿𑖨即耳義，耳以聞聲為義。
- 𑖑𑖿𑖨𑖯𑖜即鼻義，鼻以嗅香為義。
- 此說空中無十二處，就十二處顯理，所以十二通名處者，一一皆能與識作生長之門。
- 言十二者，謂六根處及六塵處。即觀眾色觀而復捨故名為眼，又於此聲至能聞故名為耳，由此故能嗅諸香故名為鼻。
- 眼根者如諸論說，四大所造眼識所依淨色為體，如說眼根。乃至耳根四大所造，耳識所依，淨色為體等。
- 佛以方便說十二處，引令入正，既入正已復由眞實說皆性空。即此十二處皆假施設，本來性空，所以言無。

• 悟光上師心經思想蠡測云：「眼耳鼻舌身是工具，意是主帥，客塵之色是有形之相，聲香味觸是無形之相，法是意識之境界，各有其職權界限，為分析了解故分做六根六境之受，合成十二處，各有界限故名十八界。如果人身有某處殘廢失靈即不成十二入，也不成十八界。由此攝取的感受變為五蘊，但五蘊依理來說是沒有的，故十二入還是空相的。」

• 又云：「這段經文是五乘之層次，應病施藥的，小乘的人天是以藥為藥，大乘人是以毒為藥，不信的人是以藥為毒。」

• 又云：「藥有藥理，病有病理，不諳藥病之對治，是會誤殺慧命的。人天乘即可人天乘之藥，聲聞緣覺乘人只可聲聞緣覺乘之藥，菩薩根器的人可服菩薩乘的藥，顯教根器只好吃顯教藥，密乘根器的人可服密教之藥，病與藥各不同。」

舌身意義

舌身意字義

- 即舌義，能除飢羸為舌也。
- 即身義，諸根所積聚故名為身。
- 即意義，有情人者意生等也。
- 六根界即眼界、耳界、鼻界、舌界、身界、意界也。
- 若了知從六二法有六識轉，都無見者乃至知者，便能悟入有情無我。

- 能發言論表彰呼召故名為舌，諸根所隨周遍積聚故名為身，愚夫長夜瑩飾藏護，執為己有計為我所及我，又諸世間依此假立種種名想，謂之有情人與命者生者意生及儒童等故名為意。

- 悟光上師心經思想蠡測云：「世間之物品是長短互逗的，十指長短不齊，運作才會自如的，人身部類之不同才成為完人，頭是頭、手是手、足是足、眉是眉、眼是眼、口是口、鼻是鼻、耳是耳，至於大小便器官都各有其用，雖然職位不等，以全身而言都是平等，缺一是不可的。」

- 又云：「我們要自知自己之位置，盡力去學習作為。」

- 又云：「宇宙自然理則本然安排好的，這就是實相之功德。」

無色聲香義

無色聲香字義

- 𑖡即無義也。
- 𑖨𑖴𑖢即色義，亦色彩義。
- 𑖫𑖤𑖿𑖟即聲義，亦音聲義。
- 𑖐𑖽𑖠即香義，亦香氣義。
- 此乃六根相對而生起之六境故名六塵。
- 色者四大所造眼根所行二十五色以為自性六塵處。
- 聲者佛梵音中當以八轉聲相具八梵音。

- 八梵音者：「一最好聲，二易了聲，三濡軟聲，四調和聲，五尊貴聲，六不誤聲，七深妙聲，八不女聲。」
- 香有六種，謂好香，惡香，平等香，俱生香，和合香，變異香。
- 悟光上師心經思想蠡測云：「人體有攝取外境的機關，好像門戶一樣接來客，六境是由六根：眼耳鼻舌身意，攝來的是色聲香味觸法六塵，這六塵是外來之客，故名客塵。」
- 又云：「全身是手眼，都有感覺神經，這感覺神經是止於知，然後傳入意識判決變成記憶，成為五蘊。」

味觸法義

味觸法字義

• 〔梵字〕即味義，能食味也。

• 〔梵字〕即觸義，謂身境界也。

• 〔梵字〕即法義，亦覺受義也。

• 味有十二，苦，酢，甘，辛，鹹，淡，若可意，若不可意，若俱相違，若俱生，若和合，若變異。

• 觸有二種，一者能觸，二者所觸。

• 法處即謂心所法。

• 佛以方便說十二處引令入正，既入正已復由眞實說皆性空。

• 悟光上師心經思想蠡測云：「以般若眼去觀察佛性本體

之實相時，即萬物都未出現的狀態，當然我們的身體是沒有的，身體未成形，當然精神亦沒有眼耳鼻舌身來接受外界，色聲香味觸而成意之法。」

- 又云：「結局都是色心之法，色心是不二的，沒有色體就不能發用精神。」
- 又云：「觀照了後悟得五蘊空相，但未悟之人間世界即是五蘊之世界，各人各有不同之經驗感情，故一人一世界。」

無眼界乃至義

無眼界乃至字義

- 即無義也。

• 即眼義，亦眼識義。

• 即界義，亦部類義。

• 即乃至義，六根對六境，六識。

• 即空中無眼界，耳界，鼻界，舌界，身界。

• 世俗故說有，勝義故皆無，唯有假名，自性空故。

• 由根及境能持六識，彼復自持因果性義名之為界。

• 悟光上師心經思想蠡測云：「無眼界乃至無意識界，這中間省略了耳、鼻、舌、身等界，其實是包括在內。觀照了真理之趣，一切迷執妄想由根本斷除，歸於真空實相之無，就是大般若妙用。」

• 又云：「一般言空，什麼都沒有的豁達空是外道說，這裡的空是諸法與法相性空之空，真空中具足妙有之德性。」

無意識界義

無意識界字義

- 𑖀即無義也。
- 𑖦𑖡即意義，亦心義也。
- 𑖪𑖰𑖕𑖿𑖗𑖯𑖡即識義，認識作用也。
- 𑖠𑖯𑖝𑖲即界義，亦部類義。
- 即空中無意識界。
- 依根緣境，似境，了別是六識界相，此中意界即心意識，心謂第八識，持種受熏趣生等體。
- 六根六境十二處，加六界成十八界。界即領域之意思，個別的領域和境界的功用。

• 悟光上師心經思想蠡測云：「五蘊、十二入、十八界，三科是為破現象之迷執來說的，真空實相根本是一味平等，沒有相之差別，依觀照般若來破執是此心經之旨趣，破除迷執故名破相門。」

• 又云：「物有理之基因德性，心有智之基因德性，如果諸法與法相沒有任何根據，則諸法與法相無從發生。這種基因德性本體是真空實相，我們用般若眼去觀照，只能看到一味平等之狀態，基因德性之本質是無法看到的。」

無無明義

無無明字義

• 𑖀即無義也。

• 𑖪𑖰𑖟𑖿𑖧即明義，亦智惠義。

• 𑖀𑖪𑖰𑖟𑖿𑖧即無無明義。

• 明者，亦轉迷為悟，轉識成智，即煩惱即菩提也。

• 無無明者，即分別者即迷，能見其實義者悟也。

• 由十二緣起顯理。

• 言十二者謂無明，行，識，名色，六處，觸，受，愛，取，有，生，老死。

• 此十二緣起有二逆順次第，此中但明兩順次第。一者雜染順次第，謂無明緣行，乃至生緣老死，二者清淨順次第，謂無明滅故行滅，乃至生滅故老死滅。

• 即為求獨覺者説應十二緣起法，以正觀達此清淨十二緣起畢竟空界。

• 悟光上師心經思想蠡測云：「這裡的無明是指凡夫不知真理的盲目念頭，其實無明實性即佛性，這無明之精神之發用起點，本來就是如來智德之作業力。」

• 又云：「因為不明白道理故，所起之心念就是無明，念頭一起就馬上支配行為。」

• 又云：「緣覺乘人一旦悟了諸法無自性空，入於正位，這時基因德性歸於真，業用停止，就沒有無明動念之發生，就不會有心狀態之流轉。」

亦無無明盡義

亦無無明盡字義

• 𑖀𑖪𑖰𑖟𑖿𑖧𑖯即無明義，即煩惱，本來具足之愚痴也。

- 即盡義，亦滅盡，盡之果義也。
- 即無無明，即轉迷開悟之智，真實理也。
- 即盡義。
- 盡者空故，說無無明盡，即十二緣起有空俱無。
- 云何一切皆當滅盡，謂由不造無明為緣新業行故，彼苦方滅，次更尋求證此滅道。
- 即佛果即開明，乃本有之悟盡之智也，般若之種乃本有煩惱，無盡而生智故也。
- 悟光上師心經思想蠡測云：「無明歸還佛性，故謂無無明，既然歸無了，豈有可斷之無明，云亦無無明盡。」
- 又云：「緣覺乘之人，以無明、行、識、名色、六入、觸、受、愛、取、有、生、老死來觀察因緣。從現象界來觀看過去、現在、未來三世之因果循環道理。」

• 又云：「這是還滅十二因緣門，大乘人是轉換不是消滅。這種心的過程以十二支來解說，名十二因緣論。」

乃至無老死義

乃至無老死字義

• 即乃至義也。

• 即無義。

• 即老義。

• 即死義。

• 今以正觀達此雜染十二緣起畢竟空，故言無無明乃至無老死。

- 無明乃至老死唯有假名，自性空故今說為無。
- 一切法因緣所生，如來自性堅實常住，無明迷執即生死流轉之根源，其實性乃空性也。
- 悟光上師心經思想蠡測云：「死後五蘊聚凝在，它的心意識之五蘊完全像生前一樣生滅不息。像生人作夢一樣交織，成為它的苦樂境界，它的生前所集之法，死後不能增加，因為沒有六根繼續去收集故，其意識活動是止於生前之延續而已。」
- 又云：「施食時，此方以觀想物品給與享用，完全是意識感受，根本是心法沒有實質，我心如物，它的心如鏡，感應道交的一種慰靈祭而已。」
- 又云：「生與死在法界體性的立場去看是沒有的，但是凡夫未見到本性，只迷著幻影才會起煩惱，故有生與老死之執著，執著故生與死為未來之果報。」

• 又云：「由無明到老死的十二支順序流轉，成為三世之因果，這叫做流轉門。」

• 又云：「但緣覺乘的人，是依此因緣之理去斷除惡業生死根源的無明煩惱的，樹頭斷了樹枝及葉都沒有，就是還滅門，迴入正位就是完全解脫生死之境地，這是依精神上而言的。」

亦無老死盡義

亦無老死盡字義

- 即無義也。
- 即老義。
- 即死義。
- 即盡義，果義。
- 又以正觀達此清淨十二緣起畢竟空故言無無明盡乃至無老死盡。
- 盡者空也，空亦空，故說無無明盡乃至無老死盡。
- 又盡即滅也，如經云無明空寂清淨句義是菩薩句義等。
- 始從無明乃至老死，云何一切皆當滅盡，謂由不造無明為緣新業行故彼苦方滅，次更尋求證此滅道。
- 生者順染，即此所無無明乃至老死，滅者順淨，即此所無無明盡乃至老死盡。其所無者，謂無所執，常住二種緣生，非無功能緣起滅理，以言不壞世諦入於勝義。

• 悟光上師心經思想蠡測云：「涅槃體即法界體性，真如佛性，真空與妙有如波與水。明白了這道理，就不怕生死，根本無老死，當然亦無老死可盡。」

• 又云：「緣覺乘人依十二因緣去看生死根本就是無明，無明一念起一切生死門開，故要將無明斷除，此斷除一念還是無明。因為不明白無明實性即佛性，佛性本然是真空。無明原來空，當然到生老死之十二支都是空性。」

• 又云：「佛陀教我們用般若眼去審察，真空實相之理就不會被生死問題綑住，歡喜出生，歡喜往生。無常與常同義，生死即涅槃，徹底的悟此即大安心。」

• 又云：「依般若眼去了悟一切世間現象即是佛性所化之

妙有，不能常住不可執著，一切活動都是佛性之活動，一切思惟都是佛性之勢用，生死是佛性當體之隱顯動作。即事而真，當相即道，不必他求。森羅萬象之生滅看似車輪的轉動，立於車輪之中心，隨順車輪轉而位置不移，在宇宙造化中去看造化，這就是般若之中道。」

無苦集滅道義

無苦集滅道字義

- 即無義。
- 即苦義，悲哀義。
- 即集義，集合義，因義。
- 即滅義，殞滅義。

● [Siddham]即道義，方法義。

● 今就四聖諦顯理，所以此四通名諦者審實不虛，是故名諦，聖者之諦故名聖諦。

● 為求聲聞者說應四諦法。

● 今以正觀達四聖諦一切皆空，所以言無。

● 悟光上師心經思想蠡測云：「四聖諦是苦集滅道。聲聞乘人聽佛說法，從人間之諸受皆苦的立場去觀察苦的來源。追究起來就是無明，無明起六根動收集外來的客塵，執著於好惡起了煩惱。」

● 又云：「這都是無明為主所造成的，故要將無明滅掉，歸於空道體。這種程序是教訓凡夫之哲理，皆是聞佛說法而起修行的法門。但緣覺乘人無佛出世亦會自通，了悟一切皆空。」

- 又云：「凡夫不諳實相，一切認為事實。根機較優的就可直入正位去體證，一剎那間可否定一切假象，但菩薩乘人就是由空理上起妙用的。」

無智亦無得義

無智亦無得字義

- 即無智義，無覺智義。
- 即(亦)無得義，無對境，客觀，客体義。
- 又就因果位顯理。能證道名智，所證境名得，破實能取故說無智，破實所取復言無得。
- 無智者，於因位中所有之法皆畢竟空也。

• 萬行之中般若為主，今言智者即般若是。

• 言無得者，果位所有恒沙功德皆亦性空，是故言無。

• 此正觀智於一切法都無所得，無所得故無所不得，此諸法者正智所現。

• 悟光上師心經思想蠡測云：「菩薩根性的人，不偏於空的真，不偏於現有的假，一執著真就墮於空無所妙用，一著於假就墮於凡起出煩惱。」

• 又云：「啓發自己的智德方面屬消極，施行利他發揮智用方面屬積極。持戒、忍辱、禪定，屬於消極地檢討自己，布施、精進、智慧，是積極。」

• 又云：「雖言消極與積極，完全是自他兩利的工作，歸根到底即是智慧之活動，這就是般若。」

• 又云：「智慧與智識完全是心，但是程度不同，這裡所云智慧就是空慧，能透視空理之功能，智識是後天所集的經驗學問。」

以無所得故義

以無所得故字義

• 即以無所得故，即空理義，無礙義。

• 是諸法空相乃至無智亦無得以無所得故，此乃正觀，觀理之義，修正觀時離諸執著，具足萬行。

• 此結章門，如大經中空諸法已後皆結言無所得故。

• 前說空中無色等法雖以釋色等法空不生滅等。而未釋色等諸法畢竟空，今以欲彰空之所由總結言無所得故。

• 無所得者離著之義，有所得，無所得，以無得平等名無所得。

• 悟光上師心經思想蠡測云：「以前之是故空中無色到以無所得故是聲聞乘的觀法。」

• 又云：「這句是分別諸乘分的結論，所得是凡夫邊看的，為了破析心之動作及迷昧的生死過程而說的，普通以為有此東西，認為有五蘊、十二入、十八界之實物，這就是得，研究觀察之後證實沒有此物，一切之諸法與法相都是因緣和合所起的無自性之法，無一法是常住的。」

• 又云：「苦樂生死之感受是精神，所以對於精神的開悟是重要的。我們悟此道理以後，就肯定其一切的現象是無所得了。那麼到了無所得的境界時，十法界皆如，都是各自的基因德性變化出來的。依真理上而言根本無善無惡一切無所得。以無所得故，接來證道之果。」

• 又云：「生死是宇宙實相活動，整個法界體性而言，是永恆不生不滅的，但其本體的內容是一動一靜循環不斷的，這動靜就是成化、隱顯、生滅，這當體之力叫做德，造化名功，理智當體名如來，萬物之造化名如來功德。」

第三行人得益分段

• 第三行人得益分，行人者，先人法總通分人也。得益者，此人修行得果益也。

• 這段經文由菩提薩埵至阿耨多羅三藐三菩提止為行人得益分。

• 行人得益分有二：人，法是也。釋論因緣分中云，得益相通人法，即能化教法，所化眾生上作業名得益。

• 頌云：「行人數是七，重二彼之法，圓寂將菩薩，正依何事乏。」

• 此頌示七人四法也。

• 初人有七，前六後一，隨乘差別薩埵有異故。

• 前六後一者，略注云，前六者，建，絕，相，二，一，開二故成六，後一者，即真言行人也。前六所說諸顯教也，後一所說秘密真言也。今兼說此二得益故初人有七也。

• 又薩埵有四，愚，識，金，智是也。

• 高雄口決云，一者愚童薩埵，即六道凡夫也。二者有識薩埵，即二乘也。三者金剛薩埵，即菩薩行人，為因。四者智薩埵，即佛行人，為果也。

- 次又法有四，謂因，行，證，入也。
- 謂依般若波羅蜜多故者，即因行二德也。
- 注云，因者淨菩提心，行者大悲萬行，發心修行共以智慧為主故也。
- 般若即能因能行，無礙離障即入涅槃，能證覺智即證果。

菩提薩埵義

菩提薩埵字義

- 即菩提，即覺之智義，覺悟到彼岸義。
- 即薩埵，即有情義。

• 菩薩感覺生死意味，覺有情而知眾生也。

• 梵語菩提薩埵，略言菩薩，此譯曰覺有情。

• 此通諸位，梵語摩訶薩埵，略言摩訶薩。此譯曰大有情。

• 唯就地上欲求菩提勇猛精進，於有情類起大悲智，而依此經修眞正觀，能斷障礙得於涅槃，故云菩薩。

• 悟光上師心經思想蠡測云：「這段經文由菩提薩埵至阿耨多羅三藐三菩提止為行人得益分，稱為實行法門。」

• 又云：「上面從般若眼的觀照到了無所得，這般若所有者菩薩即得到大利益。這利益是了解實相的結果，心就沒有煩惱罣礙。不生恐怖生死，一切的顛倒夢想的不正確觀念沒有了，最後了悟不生不滅之境地，身心與道合一，證入道體，得到自由自在的生活了。從來的無明執著已離開就沒有罣礙在心頭的障礙。天魔外道都無法打擾他，成為覺者之身。」

• 又云：「佛教不單是研究學術，在其學術上還有目的存在，佛教主張信、願、行。一定要信受，發起到目的之願，然後奉行實踐，終才能得到利益及功德的目的。由研究道理去修習，實地去實行，將此功德迴向，換來轉迷開悟之利益，這就是行人得益分。」

依般若波羅蜜多故義

依般若波羅蜜多故字義

• 𑖢𑖿𑖨𑖕𑖿𑖗𑖯𑖢𑖯𑖨𑖦𑖰𑖝𑖯即般若波羅蜜多義，即到彼岸智義。

• 𑖁𑖫𑖿𑖨𑖰𑖝𑖿𑖧即依義，即依止義。

• 即故義，即行動故義。

• 菩薩之般若，是正智慧究竟之心境，即透過觀照般若體會實相般若。

• 般若波羅蜜多之修行者，即體驗宇宙之萬象也。

• 明能觀智中為二，初明因位智，後示果位智。

• 初中有三，初正觀現前，次由觀斷障，後由斷得果，此即初也。

• 悟光上師心經思想蠡測云：「經文總括四種行程：因、行、證、入。菩提薩埵是人，依般若是能因，波羅蜜多是能行，心無罣礙是離障，至遠離顛倒夢想是得益，究竟涅槃是能證，至三菩提是證入。」

• 又云：「凡夫是做了善事就有所知心誇耀傲慢表示自己

的偉大，我執漸漸增長，心為之束縛，成為下流之輩，死後投胎輪迴於六道之中。」

心無罣礙義

心無罣礙字義

- 即心無罣礙義，即心無障礙也。
- 心無罣礙者，即自身之心，慮知心之根本，認識分別心，使心之障礙得解脫也。
- 「罣」謂煩惱障，不得涅槃故。
- 「礙」謂所知障，不得菩提故，或罣即礙，俱通二障。
- 由觀斷障有三，初除智障，次除定障，後除惑障，此即初也。

・諸菩薩由依般若，勝解行位資糧道中，漸伏分別二障現行，於加行道，能頓伏盡，亦能漸伏俱生二障，心無罣礙，見道位中，斷分別執，隨願速滿。

・悟光上師心經思想蠡測云：「斷善執，善執即是不明白真理的擇善固執，還是要斷。」

・又云：「經是給我們讀，了解其中之道理的。」

・又云：「誦經是給亡靈開示實相的，請靈識淨化，放下生前一切之妄覺，空盡五蘊，免受執著所造成的煩惱之束縛，感受苦痛為目的。」

・又云：「斷惡執，我們有般若智慧去觀察。佛教是極理智之宗教，佛陀之本意豈是如此。」

・又云：「次之盜戒，不與而取就是偷取是犯戒的，當然法律所不容。佛教叫人布施，人能布施盜賊就無了。宇宙之人類是一家人，我人沒有般若眼悟此道理，個個變成自私，天下何能治。」

無罣礙故義

無罣礙故字義

- 即心義。
- 即無障礙，亦無罣礙義。
- 即無有故義。
- 即除定障，既諸法中知無障礙故除定障，以除定障獲得神通威德自在，故無所畏。
- 罣者障，礙者拘，未依慧悟，滯色等有，拘溺眾苦，畏懼恒生，既依般若達色等空，便無拘礙、苦畏。

• 一切惡趣諸煩惱及所知二障現行皆悉永斷，能令煩惱皆不現行，心無罣礙，最初證得無漏智故。

• 悟光上師心經思想蠡測云：「善執惡執悉皆以般若的力量排除，才是智慧具足的人。執善還會害人，執惡更加害人。不是不善不惡的白癡，是非明白擇其善而從之方為上乘。」

• 又云：「惡執即是凡夫沒有公德心之執著心理，有的見人財物就起了不與而取的固性。這種惡性只有自己之存在，沒有他人的觀念，沒有朋友之情，沒有親人之誼，黑白通吃。」

• 又云：「一般凡夫雖非大惡，但心理上夢想的都是名利的自私。其中雖迷昧做過惡事，有朝反悔自新的人亦不少。」

無有恐怖遠離一切顛倒夢想義

無有恐怖遠離一切顛倒夢想字義

- 即無恐怖義。
- 即顛倒義，亦誤謬，妄想也。
- 即遠離義，亦妄想之超越也。
- 恐者畏，怖者懼。恐怖者謂五怖畏，一不活畏，二惡名畏，三死畏，四惡趣畏，五怯眾畏。
- 此除惑障，由正觀力斷除想分別等惑，故名遠離。
- 顛倒者，謂七倒，一想，二見，三心，四於無常謂常，五於苦謂樂，六於不淨謂淨，七於無我謂我。

• 夢者，由煩惱故造業，由業故受二種生死，由生死之心不見法身，故名夢。

• 想者，受生死時取相分別，起妄想計我我所等。

• 一切夢想即人之思想之誤解和戲論，無分別智之實現，即破除一切偏見夢想之智慧也。

• 悟光上師心經思想蠡測云：「佛陀叫我人凡夫用般若之明智去觀察現象之一切無常性進到無所得的境地，去遠離顛倒夢想。」

• 又云：「執著樂境就是樂顛倒。」

• 又云：「凡夫不了解真空實相之理。人間一世恰似南柯一夢，了解之後就對於人世感到無味，進入真理的體悟。

很多不知此觀是悟道的前提，過執於偏真，往往變成厭世主義，對於社會無所作用是不對的。」

• 又云：「常、樂、我、淨，是對治凡夫的四種顛倒法。」

• 又云：「四句偈即諸行無常，是生滅法。生滅滅已、寂滅為樂，這是佛陀教示眾生脫離顛倒夢想迷著的偈語。

究竟涅槃義

究竟涅槃字義

• 𑖡𑖰𑖬𑖿𑖙 即究竟義，最極義。

• 𑖡𑖰𑖨𑖿𑖪𑖯𑖜 即湼槃，亦成正覺之湼槃義。

• 梵語涅槃，此云圓寂，德無不滿，障無不盡故以名焉。

• 又即滅，寂滅，滅度，寂淨，解脫之義。

‧燃盡煩惱之火，以風吹消息，到智慧菩提的境地。

‧雖真如性無二無別，依緣盡證說有四種：一自性清淨涅槃，二無住處涅槃，三有餘依涅槃，四無餘依涅槃，由此斷得果。

‧心無罣礙明得法空，由達法空故智無滯礙，無有恐怖明得人空，由不計我故內無恐怖，遠離顛倒重譬人空，遠離夢想重譬法空，由於二空了達無累，故能究竟證涅槃。

‧悟光上師心經思想蠡測云：「其實真空實相是不增不減的，以般若之妙用照見真空妙理，從此大肯定起來轉大法輪。不執有，不執空，不執中的不二法門是心經之大綱，離一切顛倒之方法。」

• 又云：「我們執迷於顛倒的妄想，在夢中潛意識所交錯出來的種種境界。」

• 又云：「生出來之法就有礙界，精神而言就有受，有受就有苦樂、苦樂是相對物，到底皆是苦根，最好不要生滅，這次的生滅完了，就停住於真如本性，寂滅是無苦無樂之處，無苦無樂即絕對樂，所以希望寂滅為樂。」

• 又云：「寂滅是滅盡煩惱妄想，不再被其迷著束縛發生苦受之意，對於諸法的實相，依般若之力而了解，根本上煩惱夢想、一切顛倒看法都是假的。本來能生諸法之德性是清淨無垢，沒有世間認識的淨穢之對待，了解到這境地謂之寂滅。」

• 又云：「有相無相空有不二的宇宙當體即是涅槃體，生亦是涅槃體，死亦是涅槃體，我人的透視感度若能體證此，一切無不涅槃的境界。」

• 又云：「這無執著的當體證驗就是涅槃境。宇宙萬物諸法是涅槃性，我們是涅槃境，彼此合一不二，生滅不二，生死不二。」

三世諸佛義

三世諸佛字義

• [illegible]即三世義，亦深過去，深現在，深未來也。

• [illegible]即所有義，等住，在住，止住，生存義。

• [illegible]即一切諸佛義，諸佛義，一切覺者義。

• 「三世」者，去、來、今。又過去世，現在世，未來世之總稱。

• 梵文有等住之字義，等住今嚴然顯坐意味，即禪定之境地之指向也。

• 「諸佛」者，非一故。

• 夫三世諸佛，以深般若不二正觀已成就故居究竟位為無上尊，梵語佛陀，略之言佛，此譯曰覺，有慧之主即具二智，自他俱覺，覺行成滿，故表佛名。

• 大智度論云，智及智處俱名般若，三世覺者由依此故，證智達空名得正覺。或唯空性說名菩提，如來妙體即法身故。

• 悟光上師心經思想蠡測云：「經文所說，究竟涅槃之後，就是三世諸佛，依般若波羅蜜多故，得阿耨多羅三藐三菩提。亦就是說，過去成佛的，現在成佛的，未來成佛的必需用這般若去將凡夫度到成佛。」

- 又云：「成佛過程因各人根機不同，但其智德行願是一如不二的。證悟宇宙實相之理，即是究竟涅槃之道。」
- 又云：「學佛人有信心、有毅力，不斷地精進就有一分之悟，有一分之悟就發一分光明。」

依般若波羅蜜多故義

依般若波羅蜜多故字義

- 般若，即智慧義，法性義。
- 波羅蜜多，即到彼岸義，第一義也。
- 即依故義，依止了，依止故。

• 一切之分別，開明之果，般若實相中道義，即最上最勝之智慧，又即般若般羅蜜多也。

• 故說佛依於般若，或依即修，佛由因位依行般若得正覺故。

• 此五法，即淨法界，及餘之四智謂有為德。即是所證受用佛身，他受用身，為二乘等現淨穢相不定佛身，名為變化，乃至一切智•種智無量功德，說不能盡，他受用身及變化身亦具有此相此功德故，有為功德四智所攝等流身。

• 亦果位智中有二，初正觀成就，後由觀起化，此即初也，前就自行從因至果，今就化他從體起用。

• 悟光上師心經思想蠡測云：「三世諸佛之究竟涅槃體亦

就是法身如來的光明體，世間之賢愚，乃至萬物，依理體看來，都是法身佛之光明體的一分光明。」

- 又云：「光明本來是具足無缺的，凡夫因被無明的基因所發的迷妄所覆蓋。所以完全不能像佛一樣明亮，由此漸次的磨練後會證到達圓滿。」
- 又云：「我們生來業障深重，就以小悟漸到大徹大悟，步步昇進，有朝昇至目的地。此中必需理事兼運，理方面即依般若智慧去觀照道理，事方面觀照眾生是法身佛之分身。」

得阿耨多羅三藐三菩提義

得阿耨多羅三藐三菩提字義

- 即阿耨多羅，又無上義，最上義。
- 即三藐，即正等義，又同義，等義，遍正也。
- 即三菩提，即正覺義，等覺義。
- 即(證)得(正覺)，覺者義，現成正覺義。
- 又得無上正等正覺義，即無上正德智也。
- 此由觀起化，謂由正觀純熟成佛果已。
- 實智照眞空境為正，權智知世俗境為等，此之二智離於眠夢為覺。
- 無過此者故曰無上。
- 悟光上師心經思想蠡測云：「阿耨多羅三藐三菩提是翻做無上正等正覺。依般若智慧之深觀，內外雙修方為正當的覺悟，亦就是圓證的佛智。」

• 又云：「這道理是宇宙本體之當相，我人萬物是宇宙之縮寫，故道是與我同在的。迷者違背道之理去行事，悟者順道之理去行事。」

• 又云：「證無上大道是行為與精神渾然為一的當體，實行其理念的。」

• 又云：「我們要證道，當然要了解道之無常性，一切事物在遷變，智者亦要順其演變去接受時代之不同潮流。」

第四總歸持明分段

• 第四總歸持明分，總歸持明者，以上所說總歸持明分也，即前第三得益分總依持明故也。

• 總者，即總取義。歸者，即攝歸也。持明者，亦總持同義也。所謂持攝持明即佛放光，光明中說之故曰持明也。又破煩惱暗得智明，故名明也。

- 這段經文由故知般若波羅蜜多至真實不虛止為總歸持明分。
- 總歸持明，即所明因行證入總歸四種持明，故立是名也。
- 第四總歸持明分又三：

1. 名，四種呪明學名是也，即：
   (i) 大神呪聲聞眞言
   (ii) 緣覺眞言
   (iii) 大乘眞言
   (iv) 祕藏眞言
2. 用，能除諸苦顯用也。諸苦者，謂無明業相，動即有苦，乃至凡夫四苦也。經云能除一切苦，是示真言功用，故云顯用，用乃力用。

3. 體，眞實不虛指體。體絕虛偽故云真實，具恆沙德故云不虛。

• 若以通義，一一眞言皆具四名，圓智之人三即歸一。

• 祕藏記云，咒者，佛法未來漢地前，有世間咒禁法，能發神驗除災患。今持此陀羅尼人能發神通除災患，與咒禁法相似，是故曰咒。

• 悟光上師心經思想蠡測云：「宇宙萬物諸法所涉之般若妙理，為根機的關係分了諸乘的說法，歸納起來都是說我們的心。陀羅尼是總佛法，總佛法就是心。萬法由道而生終歸於道，認真地說，萬物是道，道即萬物，道者宇宙心也。我與道同在，我心即宇宙萬法也。」

- 又云：「唵咒亦名持明，包容一切法為總持，真實不虛之言曰真言。」

故知般若波羅蜜多義

故知般若波羅蜜多字義

- 即故知義，又應知義，當義。
- 般若，即慧義，智慧義，法界之知慧義。
- 波羅蜜多即到彼岸義，第一義。
- 乘前起結名曰故知。
- 上已別顯二智得二利，下文總歎般若勝用。
- 以無所得不二正觀摧伏外道我見障故。

- 般若般羅蜜多者，即宇宙之萬象，亦即自我之對境，證悟得五蘊皆空之空性觀及諸法無我之觀，便能滅除一切之苦惱，速得解脫。
- 悟光上師心經思想蠡測云：「總歸持明分。總歸是總結論，持命是持陀羅尼，又曰持明，明是光明不昧，道理了然，一般叫做總持，意為一字含千理，一句無量義，能包容保持一切，諸法悉皆佛性真理所總持。」
- 又云：「所有的修行人，要開悟正等正覺，必需依般若波羅蜜多成就菩提，所以般若波羅蜜多是成佛之總持，這總持具有真理與道德，真理是生成，道德是養育。」
- 又云：「起先依般若去破相顯性。破相是打破迷執的盲目煩惱，顯性是發揮本有的智慧光明，顯現本來之性德。

說示真空是破相門，了悟真空實相之道理，就能滅卻迷執，迷悟是一物之表裡，就是迷反為悟，迷是暗昧，悟是光明。」

- 又云：「打破外相回歸於空，即歸於本性根源，即是正等正覺之基礎。」

是大神咒是大明咒義

是大神咒是大明咒字義

- 𑖦𑖮𑖯即大義，亦強義。
- 𑖦𑖽𑖝𑖿𑖨即真言義，又神咒義。
- 𑖦𑖮𑖯即大義，亦強義也。
- 𑖪𑖰𑖟𑖿𑖧𑖯即明義，又智慧義，亦轉迷開之智，息滅煩惱，証得真理之智慧也。

- 𑖦𑖡𑖿𑖝𑖿𑖨即真言義，又明咒義。
- 「大師秘密妙法紀綱」云，顯正摧邪，除惡務善，靈祇敬奉，賢聖遵持，威力莫加，故名為呪。
- 是大神者，高勝多義為大，妙用無方為神，所言呪者，呪術之名。
- 初聲聞所修人空之理，凡夫外道非其所測，故云神。
- 是大明呪者，次救闡提，以無所得甚深般若照了闡提黑闇障故。
- 又大明咒，緣覺分破習氣暗，故謂之明，而簡外道故云大。

- 悟光上師心經思想蠡測云：「這大神咒是心神之密語，一遇外來之境界諸法，將要侵入我人之心的時候，就馬上心中念起般若波羅蜜多，智慧光明真言，去照破其魔術變幻，摒去其迷人的魔音穿腦之聲，通通收納於真空之中。這種警覺性之真言是會滅除一切世間外相侵擾之魔的。這偉大的力量之心神故名大神，這心念曰大神咒。」

- 又云：「外相雖能破，卻心有能破之心，以為偉大而自傲貢高，即其人為內相所囚，仍是無法解脫，心中固執之妄相作祟，會生起微細妄想。所以必需打破內相之迷想。這種內觀之般若力即是境界大明咒，照破妄想變成大光明之謂。」

是無上咒是無等等咒義

是無上咒是無等等咒字義

• 即無上義，亦最勝第一義也。

• 即真言義，又最勝咒義。

• 即無等等義，無比類等同也。

• 即真言義，又祕藏咒義。

• 是無上咒者，以眞正觀令諸二乘知非究竟，而捨畏苦心，起慈悲意，故最勝第一義為無上也。

• 又無上咒，即諸大乘者，人法立空而成第一勝義空，深達唯心法門，正契真如理性，是外道二乘所不能及，故云無上。

• 是無等等咒者，即以深般若令諸菩薩自利利他，萬行具足至無等等，速證無上菩提，故無類不比義，為無等等也。

• 又無等等咒，所謂真言功德無等比者，即包羅法界萬德周圓之故云無等等。

• 故上等字即等比義，下等字即等無等也。

• 又無等等名佛果也，即不與因分顯教，約果地密乘名故為祕藏真言也。

• 悟光上師心經思想蠡測云：「顯現自性是將自己內心中潛存著的美麗佛德，顯出來成為日常生活之精神，這種心般若的密言叫做無上咒。」

• 又云：「因為顯現出來之佛德自性是高尚慈悲之道德性，

能叫出這種力量之咒語是超越一切的。」

• 又云：「無等是已經登峰造極了，這無等之下有等字是平等。」

• 又云：「有此自心之真言的，大慈大悲大願，即是無等等咒。這種密言深般若的力量是要了解的。」

能除一切苦義

能除一切苦字義

• 𑖭𑖨𑖿𑖪即一切義，諸義。

• 𑖟𑖲𑖾𑖏即苦義，亦悲哀義。

• 𑖢𑖿𑖨𑖫𑖦𑖡即能除義，亦靜止，壓制義。

• 前明具德，此明破惡功能。

• 雖造一切極重惡業而能超越一切惡趣，假使殺害三界所攝一切有情終不由斯墮於地獄傍生鬼界，雖住一切煩惱聚中而猶蓮華終不為染。

• 於法，有情得無礙智，能善悟入諸平等性，自他忿等皆能調伏。

• 所以王城四眾纔誦念而魔伏，天宮千眼始受持而怨潰。

• 悟光上師心經思想蠡測云：「吾人不知真理，貪著其事，遇了色聲香味觸生法而執迷不能反觀自性，若果了悟此法原是如來真空妙理之功德，即立於光明之邊，於六塵中作六功德。」

• 又云：「所謂：煩惱即菩提，即事而真，當相即道。」

• 又云：「了知感受諸法，根本是空，卻遇了感受又變成非空而貪著，故分出階段來加以破相，漸顯本性之理。

真實不虛故義

真實不虛故字義

- [梵字]即真實義，亦實相，真理義。
- [梵字]即不虛義，亦無邪性，無虛妄義。
- [梵字]即故義。
- 真實不虛故者，此即除疑勸信，重說此言也。
- 如來是眞語者乃至是不異語者，上來所說並是眞實而非虛妄，故應信受如說修。
- 又真實之法理，即是真諦，以不虛妄故。
- 亦即真實之道理，乃般若之顯現，知世間含一切苦，並能除世間一切苦，皆不妄也。

• 悟光上師心經思想蠡測云：「要知道無願是不能成佛的。你要信此才能解脱，你要發此願才有資格成菩薩，你要行此願才能成佛。」

• 又云：「本來是佛，行此願即佛之工作，即事而真，當相即道。」

• 又云：「般若經六百卷之文義即是真言也、忍咒也、持明也，萬物實相即聲字，人類諸法悉皆是真空實相之妙有，説此道理之心語言即真言，能説即般若，所説即實相與諸法皆是自持自説之總持。」

第五祕藏真言分段

• 祕藏者，具緣品疏云，摩訶衍中以持明為祕藏。

• 二教論下曰，祕有權實，隨應可攝而已。

• 𑖐𑖝𑖸等真言體故為祕藏真言分也。

• 這段經文由說般若波羅蜜多咒至菩提薩婆訶止為祕藏眞言分。

• 第五祕藏眞言分，有五：

1. 𑖐𑖝𑖸顯聲聞行果。

2. 𑖐𑖝𑖸舉緣覺行果。即此中二乘唯曰度。

3. 𑖢𑖯𑖨𑖐𑖝𑖸指諸大乘最勝行果。即諸大乘曰彼岸度。

4. 𑖢𑖯𑖨𑖭𑖽𑖐𑖝𑖸明眞言曼荼羅具足輪圓行果。即密藏曰究竟彼岸度。度者，到之義也。

5. 𑖤𑖺𑖠𑖰𑖭𑖿𑖪𑖯𑖮𑖯說上諸乘究竟菩提證入義。

即圓寂究竟圓滿散去涅槃等義也。

- 總括而言，如來説法有二種：一顯二祕。
- 為顯機説多名句，為祕根説總持字。
- 龍猛，無畏，廣智等亦説其義，能不之間在教機耳，説之默之，並契佛意。
- 又此尊眞言儀軌觀法，佛金剛頂中説，此祕中極祕。
- 顯密在人，聲字即非，然猶顯中之祕，祕中極祕，淺深重重耳。

説般若波羅蜜多咒義

説般若波羅蜜多咒字義

- 𑖢𑖿𑖨𑖕𑖿𑖗𑖯即般若，亦彼岸之智義。
- 𑖢𑖯𑖨𑖦𑖰𑖝𑖯即波羅蜜多，亦到彼岸，轉識成智義。

• [梵字]即於義。

• [梵字]即說義。

• [梵字]即咒義，亦真言義。

• 此即初如來唱說呪也，即如來唱說出神咒體也。

• 瑜伽中云，陀羅尼有四種：

1. 法陀羅尼—謂諸菩薩獲得如是念慧力持，由此力持聞未曾聞，言未溫習，未善通利名句文身之所攝錄無量經典，經無量時能持不忘也。

2. 義陀羅尼—謂如前說，此差別者，即是彼法無量義趣也。

3. 呪陀羅尼—謂諸菩薩獲得如是等持自在，由此自在加被能除有情災患，諸眞言句令彼章句悉皆第一神驗，無所唐捐，能除種種災患。

4. 菩薩能得菩薩忍陀羅尼──謂諸菩薩成就自然堅固，因行具足妙慧，乃至諸眞言章句審諦思惟籌量觀察，不從他聞自能通達一切法義也。

• 今以密教正明以上四種：

1. 法陀羅尼──於此一字法能與諸法自作軌持，於一字中任持一切諸法也。
2. 義陀羅尼──於此一字義中，攝持一切教中義趣也。
3. 呪陀羅尼──誦此一字之時，能除內外諸災患乃至得究竟安樂菩提之果也。
4. 菩薩能得菩薩忍陀羅尼──若出家若在家若男若女，於日夜分中，若一時若二時乃至四時，觀念誦習此一字時，能滅一切妄想煩惱業障等，頓證得本有菩提之智。

- 然即上來所說正觀是忍陀羅尼，今此所說神呪是呪陀羅尼。

- 即一再說出般若波羅蜜多，即到彼岸之智，亦轉識成智，乃至於般若解脱之境地也。

- 悟光上師心經思想蠡測云：「這部般若心經分為五段，秘藏真言分是最後之一段，即是最高的秘密之藏，即一般凡夫不能窺見了解之謂。藏即是寶藏，藏有甚深微妙之法寶妙義，即是學佛法之至寶。」

- 又云：「呪文屬於心之自悟的心語，凡夫看的是冰，智者看的是水；凡夫看的是水，智者看的是氣體；凡夫看的是氣，智者看的是基因德性。依未悟與悟的層次各異，其心真言即異。」

- 又云：「佛陀自悟之境地的自心真言即秘密真言教，因為佛陀已經證入法身佛，故說此真言即屬法身佛所說。所以真言宗以法身大日如來為教主。」

即說咒曰義

即說咒曰字義

- 即即說咒曰義。
- 前云是大神咒，未顯咒詞故今說之。
- 又前說般若波羅蜜多咒，今云即說咒曰，表經家敘述之的意思。

● 於咒文述般若三昧之境地，般若之受持為一道之光明指針。

● 咒之念持乃深秘開啟佛之內証智真實不虛也。

● 心經之最後之咒，乃結集全文之解脫並發本具之慧性之發生也。慧者，即諸法義，悉是如來之智慧德相具足，自利利他行之顯現也。

● 又心真言即解脫咒，自分自身之阿摩羅識，即第九識，又最深層佛埋之覺醒也。

● 悟光上師心經思想蠡測云：「佛陀將證入法身以前之方法，以應機逗教開說文字言詞，為之顯教，顯教就以釋迦為教主。為對機應眾生故經教為法寶。密教是自證法故以真言為法寶。追根到底顯屬行徑，密屬到達之境地。

顯教最後還是到密，密之前提還是由顯而來。」

- 又云：「這種自證之法門即是秘密法門，是一種心中內堂之奧，未到達之人是不能享受的。直接喚起內心深處之微妙德性的方法即是咒。能快速地脫去無始劫之妄執，煥出本來之光明的威力。使本來之真面目，明明地顯露出來。」

- 又云：「所以真言即是真實之心語言，是宇宙萬古不易之事實，故即事而真，當相即道。」

揭諦揭諦義

揭諦揭諦字義

- 即揭諦，亦行義，謂菩薩行也。

• 𑖐𑖝𑖸即揭諦，亦行義，謂佛行也。

• 說咒畢了，今始正說咒體正說是也。

• 揭諦者，此云去也度也，即深慧功能，重言揭諦者，自度度他也。

• 揭諦揭諦者，亦證道，證道義也。

• 𑖐者，行不可得也。

• 𑖝𑖸者，如不可得也。

• 即乘如行是真行故也。

• 此解脫咒之始位置也，亦行行，往到，度行，行道義。

• 又謂初揭諦菩薩行，即他緣大乘心及覺心不生心二種住心也。

• 次揭諦佛行，即一道無為心及極無自性心二種住心也。

• 以上二皆是顯行也。

• 悟光上師心經思想蠡測云：「揭諦揭諦，波羅揭諦，波羅僧揭諦，菩提薩婆訶，即是聲聞緣覺與菩薩之修行過程之方法的總持。結束心經一卷的意義。」

• 又云：「初之揭諦即聲聞行果，次之揭諦即緣覺行果。」

• 又云：「這咒之揭諦的揭即是行，諦即理。」

• 又云：「揭諦自度，揭諦度他，不止於自度就是佛法之本意，還要度他，如車兩輪方為自在。」

• 又云：「初句咒語是叫人先自度，然後去度人做到完整無缺的人格。能自他兩利，法界平等利益，就是道心，道心即佛心，佛心即大慈悲心也。」

波羅揭諦義

波羅揭諦字義

- 𑖢𑖨即波羅，亦彼岸義，圓滿最勝義。
- 𑖐𑖝𑖸即揭諦，亦行動義。
- 波羅揭諦者，波羅最勝義，菩薩行勝二乘行故也。
- 此第三揭諦即是密行也，即金剛界行也，智界捨劣得勝云波羅，波羅勝義故也。
- 𑖢即第一義諦義。
- 𑖨即塵垢義。
- 波羅圓滿義等者，即真俗二諦，具足圓滿成就故，云圓滿義也。
- 又此真言具足究竟最上不二果海故云最勝義也。

• 守護經第三云，波羅字印者隨順最勝寂照體故。

• 波羅亦完全究竟之義，凡夫本有佛性乃至具足圓滿彼岸智，揭諦即度行之手段今開佛眼為目標，至彼岸智也。

• 悟光上師心經思想蠡測云：「波羅揭諦之波羅是波羅蜜多之濃縮句，即是彼岸。揭諦是度，即是度彼岸。凡夫為此岸，佛之境地為彼岸。」

• 又云：「我人成了佛德了就是到彼岸，但佛德是具有智、斷、惠的德性，成佛若無具顯此德性不名為佛。」

• 又云：「自凡夫地起，有智慧的般若透視力，才能證悟宇宙實相。」

• 又云：「凡夫以智德變成貪欲之知，以勇氣變成搶奪的勇氣，以惠變成惠我之自利，都是沒有般若之力，不能從此岸度過彼岸了。」

波羅僧揭諦義

波羅僧揭諦字義

- 𑖢𑖨即波羅，亦彼岸義，究竟最勝義。
- 𑖭𑖽即僧，亦和合義。
- 𑖐𑖝𑖸即揭諦，亦行動義，彼岸智之強調，修証一如義。
- 波羅僧揭諦者，佛行也。
- 僧字者，和合義也，和合者，不二平等義故也。
- 當段即和合義也，譬如百川究竟終和大海一水，即佛行究竟，終合一味果海故也。
- 此第四揭諦亦是密行也，即胎藏界行也，理界無二平等故云波羅僧。

- 僧者，又不二冥合義也。
- 故祕鍵云，波羅僧即表顯密法教。波羅者，即究竟最勝故顯義也。僧者，不二故為真言義也，究竟等者如次中東南西北五智義也。
- 悟光上師心經思想蠡測云：「這波羅僧揭諦是真言行人的曼荼羅輪圓具足行果。以前說過波羅是彼岸，僧是眾，揭諦，行真理，譯成彼岸眾度，我人自初至今已經自度而能度眾了。但此度眾才是困難重重。」
- 又云：「真言行人即以方便去引度。以發心為因，大悲為根，方便為究意去實踐。不是以出家自居去施教就可以的，要自己立於真空實相上去入世作為，方可為力。」

• 又云：「所以修真言雖是最快的法門，師父若是偷來之法，只知事相不諳真理，像作生意般地販賣佛教，都會妨礙修學者的精神健康。這最高的宇宙真理，在真言教而言，全部都隱藏在曼荼羅圖中，只看做一種崇拜物是很庸愚的。不但如此，一般以真言為密語不可翻，根本是不知道的人之推辭。」

菩提薩婆訶義

菩提薩婆訶字義

• 即菩提，亦正覺，佛智義。

• 即薩婆訶，亦究竟，圓滿，驚覺，成就，散去義。

• 菩提薩婆訶者，上來所舉以四揭諦行證入菩提果義也。

• 菩提此云智，即悟之智慧。成此智有五智別故舉五義，表五智也。

• 祕藏記云，薩婆訶有五義：

1. 所謂究竟義者，即法界體性智方便究竟極果故；
2. 所謂圓滿義者，即大圓鏡智圓鏡圓滿其意同也；
3. 所謂驚覺義者，即南方平等性智主修行德，依三密修行驚覺已成如來，又驚覺本有菩提故也；
4. 所謂成就義者，西方妙觀察智主成菩提德故云成就義也；
5. 所謂散去義，即北方成所作智主入涅槃德，若入涅槃佛身散失故也。

• 悟光上師心經思想蠡測云：「菩提是道，宇宙之真理。

薩婆訶是成就。真言中有很多尾句之結論語辭。如吽發吒，即意謂發生效力避除；薩婆訶是一切成就如願之意。」

• 又云：「自頭至尾所說之般若觀照了世間一切萬物諸法，徹底了悟去除迷執，到了無所得之後，證入正位就見性，自見性的真空中起妙用，再入世施行佛之度生工作。這就是悟道而證道，證道而行道，徹底的梵我合一，才算成就了。」

• 又云：「這種佛行之成就叫做薩婆訶。知理的成就不能實踐即不名為道成就。道是天下萬物一體之全的大活動，極限的活動即屬小成就。體合乾坤的小我融入大我之活動，即可謂菩提薩婆訶。」

般若心經義

般若心經字義

- 即般若，亦智義。
- 即波羅蜜多，亦到彼岸義，究竟義。
- 即心義，亦心咒義。
- 即經義，線，條，絲，紐，轉成貫徹之保持義。
- 即完結義，終義，成就已竟義。
- 即離分別般若菩提也。
- 因緣所生法之顯現分別生煩惱，離分別即法德兩義皆具足，本來不離無分別性也，故即煩惱即菩提，其意亦同也。
- 成就已竟者，即般若，文殊菩薩之自內証之開顯也。

般若心經之修法簡要

發菩提心義

- 演密抄云：「真正發心者，離妄稱真，遠邪為正，妄謂分別，邪即二邊。」
- 又云：「心者靈明，是知見之真實相故。」
- 亦云：「謂從初發菩提，乃至嚴淨佛國，從因至果，皆不離自心，自心即菩提。」
- 住心品云：「真言行者，於初發心時，直觀自心實相，了知本不生故。」
- 又云：「住此乘者，初發心時，即成正覺，不動生死，而至涅槃。」
- 無量義經云：「即於是身得無生法忍，生死煩惱一時斷壞。」

• 發真正菩提心者，弘八云：「初起大志造趣所期，名之為發。不依教道為真。依三諦理名正。菩提即是所期之果，妙境即是所行之路，心即能行能趣也。」

• 悟光上師肇論講記云：「學佛起初是發菩提心修行，然後是證菩提，再其次是入涅槃，最後是開方便。」

• 菩提是指宇宙的本性，又號之道，道與菩提是相同的意思。發心修行，要做佛的工作，叫做發菩提心，亦名發道心。

• 所謂發菩提心，就是發修證之心，一般所說的發菩提心是發起意欲修行之心，人由感應道交而發菩提心，然後皈依佛陀之大道，發菩提心修行。

• 這裏所說的發菩提心是指證道當時的心，這才是道心。

這道心並非限於某些場合才會發的，人之心中本然就有這種心。

- 若沒有初發心去修行亦無法體認這菩提心，但亦不是得天獨厚天資高的人才能發菩提心。
- 上述一般所說的發菩提心是淺義的發道心，真正的發菩提心是體驗的心，萬物與我自他一如體驗之心，古人所謂初發心即到是指此，這心是見性之心，是小我融入大我之心。

般若體相用義

- 理趣分注云：梵般若，唐云智慧。即遮那智體也。智體者般若故諸尊總體也。

‧般若有體相用，體者實相理，相者萬德顯現，用者覺知義，即觀照功能也。

‧今般若菩薩乃大日之正法輪身萬德一門義，即化他故垂神力加持利益眾生也。

‧悟光上師心經思想蠡測云：「文字般若會引起人的菩提慈悲心，改造人的運命，經是文字般若，研究經典或聽經都是很重要的，諸經中佛說的般若經最好，到了現在的科學昌隆時代益被採用與重視。般若經典與科學相吻合，絕對不是迷信的思想可以了解的。」

四種法身義

‧自性法身—自體法然故曰自性，具無為之作業故曰法身也。諸佛真身理智法性自然具足，是有理智差別。

• 受用法身——此有二種：一自受用，即理智相應自受法樂，亦法然始覺智。二他受用，為十地菩薩所現報身也。今此自他受用雖異內證外用，共有受用之義。

• 變化身——今此應身八相成道轉變無窮故名變化，緣謝則滅機興則生法爾為作故名法身。內説祕密，外説顯教。

• 等流身——九界隨類身非佛體也。平等流演，九界等同，故名等流，亦是法爾作業，故立法身名也。

三身義

• 大日義釋云：「題名言毘盧遮那者，法身也。成佛者，報身也。神變加持者，應身也。」

• 又云：「大法身，毘盧遮那成佛報身，神變加持應化身也。」

• 亦云：「大一字通三身，大法身，大報身，大化身也。」

• 楞伽經云：「無相無形等是法身說之相，悲智薰習是報身說法之相，應世發言等是應身說法之相。」

• 最勝王經云：「一切如來有三種身，一者化身，二者應身，三者法身。如是三身具足，接受阿耨多羅三藐三菩提。」

即身成佛義

• 經云：即身成佛者，即凡夫肉身不轉，直本有佛體，印成也。

● 即身成佛有三種：

1. 理具即身成佛—即一切眾生身心本來而兩部體也，身者五大本有理體也，心是識大本覺智德也。

2. 加持即身成佛—眾生本覺功德，諸佛感應方便相應，而身心本有功德速疾顯現一念間，覺知諸法實相不起於座，成辦一切佛事，故名加持也。

3. 顯得即身成佛—加持內證唯獨自明了餘人所不見故，自身萬德開示而佛相出現也。

五相成身觀義

● 五相成身者：

1. 菩提心論云，一是通達心，二是菩提心，三是金剛心，四是金剛身，五是證無上菩提獲金剛堅固身也。

2. 然此五相具備方成本尊身也，其圓明則普賢身也，亦是普賢心也，與十方諸佛同。

3. 十八會指歸曰，所謂金剛界大曼荼羅，即說毘盧遮那佛受用身，以五相現成等正覺，成佛後以金剛三摩地現發生三十七智，廣說曼荼羅儀則為弟子授速証菩薩把法矣，住一大法界體性，現五相成身妙智，發生三十七尊乃至界會聖眾，故以中央會名成身會也。

4. 金剛界云徹心明，亦名通達心無染心，觀金剛蓮華，金剛蓮華界，亦名普周法界觀身為本尊。

5. 徹心明者，徹者通達義，謂通達本有菩提心也。如月輪若在輕霧中者，祕藏記曰，表大悲水中有智月也。

心經之本尊義

- 今此般若心經者，法性顯相分萬德一門也，顯法名般若心經，顯尊號般若菩薩。
- 梵號：阿利也波羅（二合）只攘（二合）波羅蜜多
- 密號：大慧金剛，又智慧金剛
- 梵名般若，唐云智慧，即遮那之智體也。
- 般若菩薩，是大日如來正法輪身也。即胎藏界大日如來大智門德也，即化他故垂神力加持益眾生也，自性輪本性智性體，正法輪方便智相也，教令輪斷惑智用也。
- 廣大軌云：諸佛母也，又三部總母也。

• 仁王軌云：行願圓滿住等覺位也，手持金剛輪，化道有情，令至彼岸。輪者智義也，佛菩薩明王以此道理故存總相義也。

• 龍樹釋論云：在聲聞心名道品，在菩薩心名般若，在佛果名薩般若也。即一切菩薩自初心覺般若，念念增進至十地位，不離般若也。

• 般羅蜜者智德之梵語也。為佛法大海以智為能度，故波羅蜜到彼岸義也。凡一切諸尊皆以智為體，智相智用是別其姿異也。

心經種子字及其意義

- 心經種子字〔梵字〕
- 「弘法大師般若心經祕鍵」意云，實相般若時〔梵字〕字也，觀照般若時〔梵字〕字也，今舉實相自攝觀照也。
- 經云，〔梵字〕字之字體〔梵字〕字，即法界不可得義也。
- 大疏七云：「〔梵字〕字門一切諸法法界不可得故者，梵云達摩馱都，名為法界，界是體義分義。」
- 又云：「若見〔梵字〕字門即知一切諸法悉皆有體，謂以法界為體。」
- 亦云：「夫法界者，即是心界，以心界本不生故，當知法界亦本不生，乃至心界無得無捨故。」
- 又云：「故法界者，唯是自證常心無別法也。」

• aṃ字者，即根本不可得字義，又萬法根本是法界也，亦表根本修行三昧點也。

• aḥ字者，遠離不可得義，則法界本不生之心界，無得無捨故遠離一切惑障，亦即涅槃也，故證入菩提涅槃。

心經相關種子字義

• 種子字 vaṃ

• 即毘盧遮那內證不二智，故加證菩提點也。

• 疏二十云，文殊以vaṃ字為種子，有五義，即發菩提心，具修萬行，成菩提，入涅槃，得方便也，餘一切尊種子字皆如是。

• 即文珠表大日智德，一切種子皆因行證入方便之義。

- 義釋五云，𑖏者是心義，名為大空，即以大空心自證真大空，故加圓點，此中無德不備，故名妙吉祥。
- 理趣釋云，𑖏字門一切諸法吾我不可得故，是名實義。我有二種，人我法我是也。人謂四種法身，法謂一切諸法。
- 大日經疏云，𑖏𑖽本體即空，上點又是空，所謂大空義，亦即大般若也。
- 八字軌云，若求息災除災難殄滅七難災難。
- 大日經普通藏品云，𑖏𑖽有歸命義。
- 善無畏軌云，臺中觀𑖏𑖽字。
- 即遍一切處義。
- 菩提心所起願行及身口意悉皆平等遍一切處。

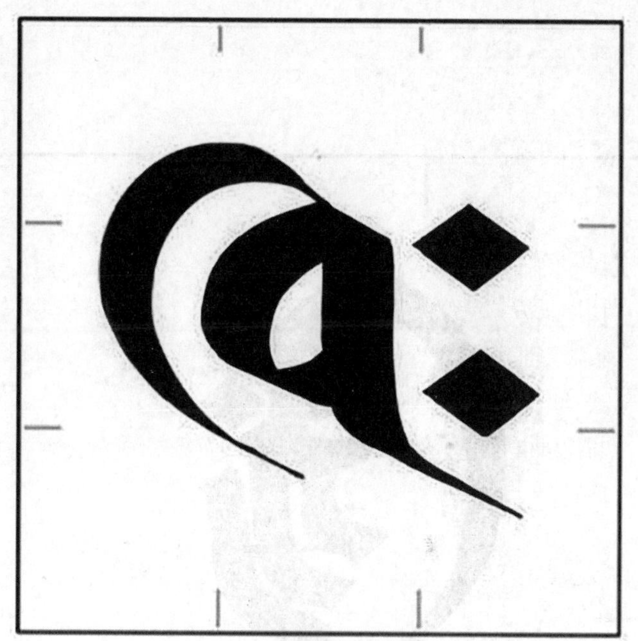

心經種子字

心經相關種子字

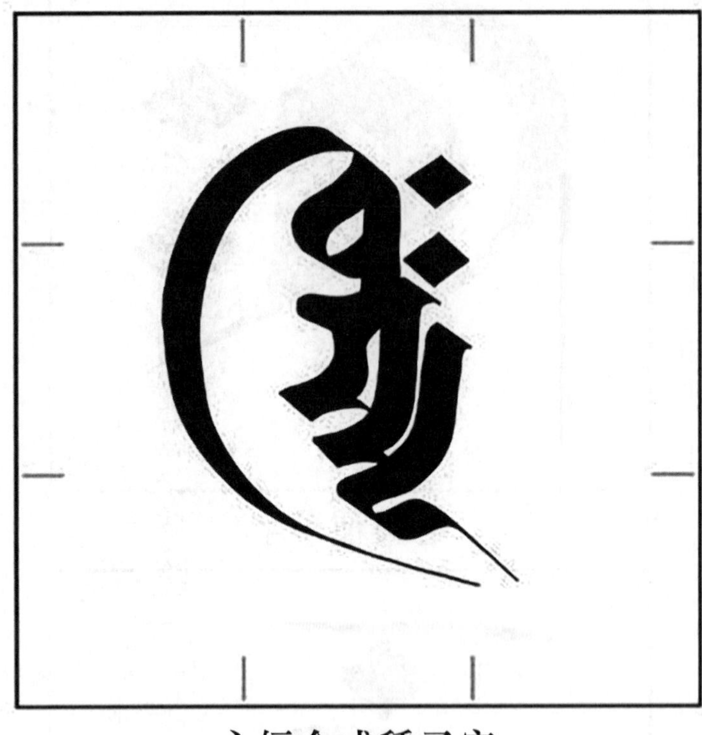

心經合成種子字

心經之三昧耶形義

- 心經之三昧耶形者，即梵篋也。
- 梵篋者，即能含之器物，萬法總持之體也，亦即合胎理和金智義也。
- 即以[梵字]字法界為篋，含藏一切文義，亦般若無盡藏義也。
- 文泉房云，[梵字]寶珠惠刀即成般若文殊一體冥合義。行般若時者，文殊師利隱在之，又行文殊師利時，隱般若在之。亦文殊時梵篋，般若時利劍，文殊般若時梵篋也。
- 祕說云，[梵字]即梵篋惠刀，[梵字]即惠刀梵篋，表一尊二義兼可習也。

心經之道場觀義

‧般若心經護摩軌云：「觀自心月輪上有字，變成梵篋，變成般若菩薩，遍身白色，面有三眼，似天女相，形貌端正，如菩薩形，獅子座上結跏趺座，頭戴天冠，作簸箕光，其耳中著真珠寶璫，於其項下七寶瓔珞，兩臂作屈，左臂屈肘側左胸上，其左手仰五指伸展，掌中持七寶經函，其中具十二部經，即般若波羅蜜藏，右垂着右膝上，舒五指即施無畏印，右梵天，左帝釋天。」

‧種子字，三昧耶形梵篋者，即心經秘鍵之意也。

‧通身白色者，即遍身白色義，表金剛界也。

‧面有三眼者，即佛眼，法眼，慧眼，表胎藏界三部義也。

‧似天女相者，表柔軟形義也。

‧如菩薩形者，即本尊菩薩身，非明王忿怒等形義也。

• 簸箕光者，即向外放光義。

• 寶璫者，即耳金環也。

• 右手垂著右膝之上，五指舒展，是施無畏戶者，即與願印也。

心經之護摩事

• 大日經疏第十五卷：「護摩者燒義也。」

• 護摩是梵語，義為燒供，以供物投入火中燒焚以此作供養，不但燒物還有燒食之意。

• 大日經疏第二十卷餘八說：「護摩義者，謂以慧火燒煩惱薪令盡無餘之義也。」

• 又尊勝佛頂修瑜伽法軌儀卷下餘一解說：「護摩者，此方為火天，火能燒草木。」

卉林無有餘者，天者智也，智火能燒一切無明株杌無不盡燒。

- 依「準提陀羅尼經」所示，真言密教護摩之目的即：

1. 扇底迦（息災）法者：求滅罪轉障除災害，鬼魅疾病，囚閉枷鎖，疫病國難，水旱不調，蟲損苗稼，五星陵逼本命，悉皆除滅，煩惱解脫，是名息災法。
2. 布瑟置迦（增益）法者：求延命、官榮、伏藏、富饒、聰慧、聞持不忘、藥法成就中略欲求持明仙人阿蘇羅窟及八部鬼神窟求入者皆得，及證地位神通，求二種資糧圓滿速成無上菩提，是名增益法。
3. 伐施迦置拏（敬愛）法者：若欲令一切人見者，發歡喜心，攝伏鈎召，若男若女天龍八部藥叉女及攝伏難調鬼神，諸怨敵作不饒益事，皆令迴心歡喜，諸佛護念加持，是名攝召敬愛法。

4. 阿毘遮嚕迦(調伏)法者：犯五無間，謗方廣大乘，毀滅佛性，背逆君王，惑亂正法，於如是之人深起悲愍，應作降伏法。

- 心經護摩修持，就息災修之。以不動明王為部主，般若菩薩為本尊。梵篋印，心經陀羅尼用之。諸尊段，以三十七尊如常。世天段，如常諸天曜宿加十六善神也。
- 修習般若軌云，一切重罪各滅盡皆無餘，如是於諸戒觀察實相理，有正智慧者即空無分別，如蓮花處水不著諸罪咎也。
- 集經第三云，若依此般若波羅蜜教行者，即得除滅三毒之罪也。

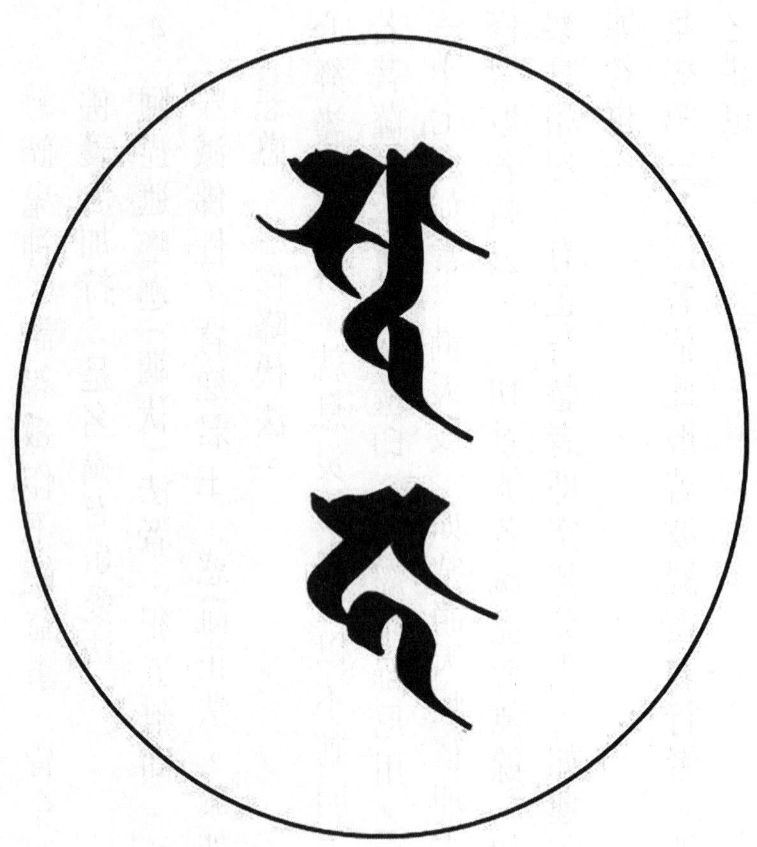

附錄一

悟光大阿闍梨略傳

悟光大阿闍梨略傳

悟光上師又號全妙大師，俗姓鄭，台灣省高雄縣人，生於一九一八年十二月五日。生有異稟：臍帶纏頂如懸念珠；降誕不久即能促膝盤坐若入定狀，其與佛有緣，實慧根夙備者也。

師生於虔敬信仰之家庭。幼學時即聰慧過人，並精於美術工藝。及長，因學宮廟建築設計，繼而鑽研丹道經籍，飽覽道書經典數百卷；又習道家煉丹辟穀、養生靜坐之功。其後，遍歷各地，訪師問道，隨船遠至內地、南洋諸邦，行腳所次，雖習得仙宗秘術，然深覺不足以普化濟世，遂由道皈入佛門。

師初於一九五三年二月，剃度皈依，改習禪學，師力慕高遠，志切宏博，雖閱藏數載，遍訪禪師，尤以為未足。

其後專習藏密，閉關修持於大智山（高雄縣六龜鄉），持咒精進不已，澈悟金剛密教真言，感應良多，嘗感悟得飛蝶應集，瀰空蔽日。深體世事擾攘不安，災禍迭增無已，密教普化救世之時機將屆，遂發心廣宏佛法，以救度眾生。

師於閉關靜閱大正藏密教部之時，知有絕傳於中國（指唐武宗之滅佛）之真言宗，已流佈日本達千餘年，外人多不得傳。（因日人將之視若國寶珍秘，自詡歷來遭逢多次兵禍劫難，仍得屹立富強於世，端賴此法，故絕不輕傳外人）。期間台灣頗多高士欲赴日習法，國外亦有慕道趨求者，皆不得其門或未獲其奧而中輟。師愧感國人未能得道傳法利國福民，而使此久已垂絕之珍秘密法流落異域，殊覺歎惋，故發心親往日本求法，欲得其傳承血脈而歸，遂於一九七一年六月東渡扶桑，逕往真言宗總本山—高野山金剛峰寺。

此山自古即為女禁之地，直至明治維新時始行解禁，然該宗在日本尚屬貴族佛教，非該寺師傳弟子，概不經傳。故師上山求法多次，悉被拒於門外，然師誓願堅定，不得傳承，決不卻步，在此期間，備嘗艱苦，依然修持不輟，時現其琉璃身，受該寺目黑大師之讚賞，並由其協助，始得入寺作旁聽生，因師植基深厚，未幾即准為正式弟子，入於本山門主中院流五十三世傳法宣雄和尚門下。學法期間，修習極其嚴厲，嘗於零下二十度之酷寒，一日修持達十八小時之久。不出一年，修畢一切儀軌，得授「傳法大阿闍梨灌頂」，遂為五十四世傳法人。綜計歷世以來，得此灌頂之外國僧人者，唯師一人矣。

師於一九七二年回台後，遂廣弘佛法，於台南、高雄等地設立道場，傳法佈教，頗收勸善濟世，教化人心之功效。師初習丹道養生，繼修佛門大乘禪密與金剛藏密，今又融入真言東密精髓，益見其佛養之深奧，獨幟一方。一九七八年，因師弘法有功，由大本山金剛峰寺之薦，經日本國家宗教議員大會決議通過，加贈「大僧都」一職，時於台南市舉行布達式，參與人士有各界地方首長，教界耆老，弟子等百餘人，儀式莊嚴崇隆，大眾傳播均相報導。又於一九八三年，再加贈「小僧正」，並賜披紫色衣。

師之為人平易近人，端方可敬，弘法救度，不遺餘力，教法大有興盛之勢。為千秋萬世億兆同胞之福祉，暨匡正世道人心免於危亡之劫難，於高雄縣內門鄉永興村興建真言宗大本山根本道場，作為弘法基地及觀光聖地。師於開山期間，為弘法利生亦奔走各地，先後又於台北、香港二地分別設立了「光明王寺台北分院」、「光明王寺香港分院」。師自東瀛得法以來，重興密法、創設道場、設立規矩、著書立說、教育弟子等無不兼備。

師之承法直系真言宗中院流五十四世傳法。著有《上帝的選舉》、《禪的講話》等廿多部作品行世。佛教真言宗失傳於中國一千餘年後，大法重返吾國，此功此德，師之力也。

附錄二

《一真法句淺說》

悟光上師《證道歌》

一真法句淺說

嗡乃曠劫獨稱真，六大毘盧即我身，時窮三際壽無量，體合乾坤唯一人。文

嗡又作唵，音讀嗡，嗡即皈命句，即是皈依命根大日如來的法報化三身之意，法身是體，報身是相，化身是用，法身的體是無形之體性，報身之相是無形之相，即功能或云功德聚，化身即體性中之功德所顯現之現象，現象是體性功德所現，其源即是法界體性，這體性亦名如來德性，佛性，如來即理體，佛即精神，理體之德用即精神，精神即智，根本理智是一綜合體，有體必有用。現象萬物是法界體性所幻出，所以現象即實在，當相即道。宇宙萬象無一能越此，此法性自曠劫以來獨一無二的真實，故云曠劫

独稱之。此体性的一中有六种不同的性質，有堅固性即地、地並非一味，其中還有無量無边屬堅固性的原子、綜合其堅固性假名為地。是遍法界無所不至的，故云地大。其次屬於濕性的無量無边德性名水大，屬於煖性的無量無边德性名火大，屬於動性的無量無边德性曰風大，屬於容納無礙性的曰空大。森羅万象，一草一木，無論動物植物礦物是全具足此六大。此六大之總和相涉無礙的德性遍法界，名摩訶毘盧遮那，即是好像日光遍照宇宙一樣，翻謂大日如來。吾們的身体精神都是祂幻化出來，故云六大毘盧即我身。這毘盧即是道，道即是創造万物的原理。當然万物即是道体。道体是無始無終之灵体，沒有時间空间之分界，是沒有过去現在未來，沒有東西南北，故云時窮三陈的无量寿命者，因祂是整個宇宙為身，一切万物的新陳代謝為命，永遠在創造為祂的事業，祂是獨單的不死人，祂以无量時空為身，没有与第二者同居，是個绝对孤单的老人，故曰体合乾坤唯一人。

虚空法界我独步，森羅万象造化根，宇宙性命元灵祖，光被十方无故新。文

祂在这无量无边的虚空中自由活动，我即是祂的大我法身位，祂容有无量无边的六大体性，祂有无量无边的心王心所，祂有无量无边的万象种子，祂以蒔种，以各不同的种子与以滋润，普照光明，使其現象所濃縮之种性与以展現成為不同的万物，用祂擁有的六大為其物体，用祂擁有的叡智精神（生其物）令各不同的万物自由生活，是祂的大慈大

悲之力、祂是万象的造化之根源、是宇宙性命的大元灵之祖，万物生從何來？死從何去？死即歸於彼處，祂的本身是光、万物依此光而有，但此光是窮三際的無量壽光，這光常住而遍照十方，沒有新舊的差別。凡夫因執於時方，故有過去現在未來的三際、有東西南北上下的十方觀念、吾人若住於虛空中，即三際十方都沒有了。物質在新陳代謝中凡夫看來有新舊交替，這好像機械的水箱依其循環、進入來為新、排出去為舊，根本其水都沒有新舊可言。依代謝而有時空、有時空而有壽命長短的觀念，人們因有人法之執、故不能窺其全体、故迷於現象而常沉苦海無有出期。

、隱顯莫測神最妙、璇轉日月貫古今、貪瞋煩惱我密歸、

生殺威權我自興

毘盧遮那法身如來的作業名羯磨力，祂從其所有的種子注與生命力，使其各類各各需要的成分發揮變成各具的德性呈現各其本誓的形体及色彩、味道，將其遺傳基因寓於種子之中，使其繁衍子孫，這源動力還是元靈祖所賜。故在一期一定的过程後而隱沒，種子由代替前代而再出現，這種推動力完全是大我靈体之羯磨力，凡夫看来的確太神奇了，太微妙了。不但造化万物，連太空中的日月星宿亦是祂的力量所支配而運転不休息，祂這樣施與大慈悲心造宇宙万象沒有代價，真是父母心，吾們是祂的子孫，卻不能荷負祂的使命施與大慈悲心，違逆的眾生真是辜負祂老人家的本誓的大不孝之罪。祂的大慈悲心是大貪，眾生的頁祂的本誓、祂会生氣，这是祂的大瞋，但衆生還在不知不覺的行為中，如有怨嘆、祂都不理而致之；這是爲我們衆生好了地生活着、這是祂的大痴、這貪瞋痴是祂的心理祂本有的德性、本來具有的、是祂的密號。祂在創造中不斷地成就衆生的成熟。如菓子初生的時只有發育、不到成熟不能食，故未成熟的菓子是苦澁的，到了長大時必須使其成熟故應與以殺氣才能成熟，有生就應有殺，加了殺氣之後成熟了、菓子就掉下來，以此來看來是死、故有生必有死，這种生殺的權柄是祂獨有，萬物皆然，是祂自然記戲，故云生殺威權我自興。祂恐怕是創造無窮、不斷地動祂的腦筋使其創造不空成就，這些都是祂為衆生的煩惱這煩惱還是祂老人家的本誓云密號，本有功德也。

六道輪迴戲三昧，三界匯納在一心，魑魅魍魎邪精怪，妄為執着意生身。文

大我體性的創造中有動物植物礦物，動物有人類、禽獸、水族、蟲類等具有感情性欲之類，植物乃草木具有繁衍子孫之類、礦物即礦物之類。其中人類的各種機能組織特別靈敏，感情愛欲思考經驗特別發達，故為萬物之靈長、原始時代大概相安無事的、到了文明發達就創了禮教，有了禮教擬將教化使其反樸歸真、創了教條束縛其不致出規守其本分、卻成其反造成越規了、這禮教包括一切之法律、法律並非道之造化法律、故百密一漏之處在所難免、有的法律是保護帝王萬世千秋不被他人違背而設的，不一定對於人類自由思考有幫助，所以越嚴格越出規，所以古人

設亂出有大偽、人類越文明越不守本分，欲望橫飛要衝出自由，自由是万物之特權之性。因此犯了法律就成犯罪，罪是法沒有自性的、看所犯之輕重論處，或罰款或勞役或坐牢，期間屆滿就等罪了。但犯了公約之法律或逃出法網不被發現，其人必会悔而自責，誓不復犯，那麼此人的心意識就有洗滌潛意識的某程度，此人必定還会死後再生為人，若不知悔但心中還常感苦煩，死後一定墮地獄，若犯罪畏罪而逃不敢面对現実，心中恐懼怕人發見，這种心意識死後会墮於畜生道。若人欲望熾盛欲火冲冠，死後必定墮入餓鬼道。若人做善意欲求福報死後会生於天道。人心是不定性的，所以在六道中出發沒有了時，因為它是凡夫不悟真理才会感受苦境。苦樂感受是三界中事，若果修行悟了道之本體，與道合一，入我我入，成為乾坤一人的境界，向不覺此大道即是虛出張的現像。都是大我的三昧遊戲吧了。能感受所感受的三界都是心，不但三界，十界亦是心。故三界唯納在一心。魑魅魍魎邪精怪是山川木石等孕育天地之靈氣，然後受了動物之精液幻成，受了人之精液即能變為人形，受了猴之精液變猴，其他類推，這種怪物即是魔鬼，它不會因過失而懺悔，任意胡為，它的心是是一種執著意識，以其意而幻形，此名意成身。幻形有三條件，一是幽質，二是念朔材質，三是物質，比如說我們要畫圖，在紙上先想所畫之物，這是幽質，未動筆時紙上先有其形了。其次提起鉛筆繪個形記稿，此即念朔材質，次取來彩色塗上，就變成立體之相，都可亂真了。

唷啞聾殘廢疾、病魔纏縛自迷因，心生覺了生是佛，心佛未覺佛是生」之

人們自出生時或出生了後，罹了唷啞、或眼盲、或耳聾或殘廢疾病、都由前生所作的心識有関、過去世做了令人憤怒而被打了咽喉、或眼目、或殘廢，或致了病入膏肓而死、自己還不能懺悔、心中常存怨恨、這種潛意識帶來轉生，其遺伝基因被其破壞，或缺肢肉或出生後会現其相。前生若能以般若來觀照五蘊皆空，即可洗滌前愆甚至解縛証道、眾生因迷不解於宇宙真理，執着人法故此也。人們的造惡業亦是心、心生執着而不自覺即迷沉苦海、若悉了悟此心本來是佛性、心生迷境而能自覺了、心即回歸本來面目，那個時候迷的眾生就是佛了。這心就是佛、因眾生迷而

不覺故佛亦是眾生，是迷悟之一念間，人們應該在心之起念間要反觀自照以免隨波着流。

罪福本空無自性，原來性空無所憑，我道一覺超生死，慧光朗照病除根。

罪是違背公約的代價，福是善行的人間代價，這都是人我之間的現象界之法，在佛性之中都沒有此物，六道輪迴之中的諸心所法是人生舞台的法，人們只迷於舞台之法，未透視演戲之人，戲是假的演員是真的，任你演什麼奸忠角色，對於演員本身是毫不相關的，現象無論怎麼演變，其本來佛性是如如不動的，所以世間之罪福無自性，原來其性本空，沒有什麼法可憑依。戲劇中之盛衰生死貪富根本有佛性的演員都沒有一回事，法華經中的譬喻品有長者子的寓意故事，有位長者之子本來是無量財富，因出去玩要被其他的孩子帶走、以致迷失不知回家、成為流浪兒、到了長大還不知其家、亦不認得其父母，父母還是思念，但迷兒流浪了終於受傭於其家為奴、雙方都不知是父子關係、有一天來了一位和尚，是有神通的大德，對其父子說係他原來是父子，那個時候當場互為相認，即時回復父子關係、子就可以繼承父親的財產了。未知之前其子還是貧窮的、了知之後就成富家兒了。故喻迷沉生死苦海的眾生若能被了悟的大德指導、一覺大我之道就超生死迷境了。了生死是了解生死之法本來迷境、迷了悟就是智慧、智慧之光朗照，即業力的幻化迷境就消失、病魔之根就根除了

阿字門中本不生、吽開不二絕思陳、五蘊非真業非有、

能所俱泯斷主賓。文

阿字門即是涅槃體、是不生不滅的佛性本體，了知諸法自性本空沒有實體，眾生迷於人法，金剛般若經中說的四相、我相、人相、眾生相、壽者相，凡夫迷著以為實有，四相完全是戲論，佛陀教吾們要反觀內照，了知現象即實在，要將現象融入真理，我與道同在，我與法身佛入我我入成為不二的境界，這不二的境界是絕了思考的起沒，滅了言語念頭，靈明獨耀之境界，所有的五蘊是假的，這五蘊堅固就是世間所云之靈魂，有這靈魂就要輪迴六趣了，有五蘊就有能思與所思的主賓關係，變成心所諸法而執着，能所主賓斷了，心如虛空，心如虛空故與道合一，即時回歸不生不滅的阿字門，不然的話，迷着於色聲香味觸之法而認為真，故生起貪愛，瞋恚、愚癡等覆蓋佛性，把了生死苦樂感覺，諸法是戲論，佛性不是戲論，佛陀教吾們不可認賊為父。

了知三世一切佛、應觀法界性一真、一念不生三三昧、我法二空佛印心。」

應該知道三世一切的覺者是怎樣成佛的，要了知一個端的，應觀這法界森羅萬象是一真實的涅槃性所現，這是過去佛現在佛未來佛共同所修觀的方法，一念生萬法現，一念若不生就是包括了無我、無相、無願三種三昧，這種三昧是心空，不是無知覺，是視之不見，聽之不聞的靈覺境界此乃一真法性當体之狀態，我執法執俱空即是入我我入，佛心印我心，我心印佛心，達到這境界即入禪定，禪是体定是心不起、二而一，眾生本佛。釋迦拈花迦葉微笑印此端的，因為迦葉等五百羅漢，均是不發大心的外道思想意識潛在，故開了方便手指畢波羅花輾動，大眾均不知用意，但都啞然一念不生注視着，這端的當体即佛性本來面目，可惜錯過機会，只有迦葉微笑表示領悟，自此別開一門的無字法門禪宗，見性了緣不能發大心都是獨善其身的自了漢。

菩薩金剛都眷屬，三緣無住起悲心，天龍八部隨心所，神通變化攝鬼神。(文

羅漢在高山打蓋睡，菩薩落荒草，佛在世間不離世間覺，羅漢入定不管世事眾生死如在高山睡覺，定力到極限的時候就醒來，会起了念頭，就墮下來了。菩薩是了悟眾生

本質即佛德、已知迷是苦海、覺悟即極樂、菩薩已徹底了悟了、它就不怕生死、留惑潤生、拯救沉沒海中的眾生、如人已知水性了、入於水中會游泳、菩薩變成泳池、眾生是不知水性故會沉溺。菩薩入於眾生群中、猶如一支好花入於蔓草之中、鶴立雞群、一支獨秀。佛出世間、眾生世間、器世間、都是法界佛性所現、出世間覺悟道理了、就是佛、所以佛出世間並無離開世間。佛是世間眾生的覺悟者菩薩為度眾生而開方便法門、但有頑固的眾生不受教訓、菩薩就起了忿怒相責罰、這就是金剛、這是大慈大悲的佛心所徹露之心所。其体即佛、心王心所是佛之眷屬、這種大慈大悲的教化眾生之心所、是沒有能度所度及功勞的心無住生心、歸納起來菩薩金剛都是大悲毘盧遮那之心。

此心印佛心，要度天或鬼神就變化同其趣。如天要降雨露的諸法界眾生就變天龍，要守護法界眾生就變八部神將，都是大日如來心所流出的。祂的神通變化是莫測的，不但能度的菩薩金剛、連鬼神之類亦是毘盧遮那普門之一德，普門之多的總和即總持，入了總持即普門之徒具備，這總持即是心。

無限色聲我實相、文賢加持重重身，聽我法句認諦理、一轉彈指立歸真。

心是宇宙心，心包太虛，太虛之中有無量基因德性，無量基因法性即普門，色即現前之法，聲即法相之語，語即道之本体，有其聲必有其物，有其物即有其色相，無限的基因德性，顯現無限不同法相，能認識之本体即佛性智德、顯現諸相之理即理德、智法曰文殊、理德曰普賢，諸界之森羅萬象即此理智冥加之法，無量無邊之理德及無量無邊之智德、無論一草一木都是此妙諦至之冥加的德相，這是基因法性之不同，顯現之物或法都是各之完成其使命之相，若不如是萬物即呈現諸一色、一味、一相，都沒有各各之使命標幟了。這無限無量的基因德性曰功德，這功德都藏於一心之如來藏中，凡夫不知故認後天收入的塵法為真、將真與假合璧，成為阿賴耶識，自此流迷三界苦海了。人們若果睹了這道理而覺悟，即不執于塵立地成佛了。

附錄：《一真法句淺說》—悟光上師《證道歌》

【全文】

嗡乃曠劫獨稱真，六大毘盧即我身，時窮三際壽無量，體合乾坤唯一人。

虛空法界我獨步，森羅萬象造化根，宇宙性命元靈祖，光被十方無故新。

隱顯莫測神最妙，璇轉日月貫古今，貪瞋煩惱我密號，生殺威權我自興。

六道輪回戲三昧，三界匯納在一心，魑魅魍魎邪精怪，妄為執著意生身。

喑啞蒙聾殘廢疾，病魔纏縛自迷因，心生覺了生是佛，心佛未覺佛是生。

罪福本空無自性，原來性空無所憑，我道一覺超生死，慧光朗照病除根。

阿字門中本不生，吽開不二絕思陳，五蘊非真業非有，能所俱泯斷主賓。

了知三世一切佛，應觀法界性一真，一念不生三三昧，我法二空佛印心。

菩薩金剛我眷屬，三緣無住起悲心，天龍八部隨心所，神通變化攝鬼神。

無限色聲我實相，文賢加持重重身，聽我法句認諦理，一轉彈指立歸真。

【釋義】

嗡乃曠劫獨稱真，六大毘盧即我身，時窮三際壽無量，體合乾坤唯一人。

嗡又作唵，音讀嗡，嗡即皈命句，即是皈依命根大日如來的法報化三身之意，法身是體，報身是相，化身是用，法身的體是無形之體性，報身之相是無形之相，即功能或云功德聚，化身即體性中之功德所顯現之現象，現象是體性功德所現，其源即是法界體性，這體性亦名如來德性、佛性，如來即理體，佛即精神，理體之德用即精神，精神即智，根本理智是一綜合體，有體必有用。現象萬物是法界體性所幻出，所以現象即實在，當相即道。宇宙萬象無一能越此，此法性自曠劫以來獨一無二的真實，故云曠劫獨稱真。此體性的一中有六種不同的性質，有堅固性即地，地並非一味，其中還有無量無邊屬堅固性的原子，綜合其堅固性假名為地，是遍法界無所不至的，故云地大。其次屬於濕性的無量無邊德性名水大，屬於煖性的無量無邊德性名火大，屬於動性的無量無邊德性曰風大，屬於容納無礙性的曰空大。森羅萬象，一草一木，無論動物植物礦物完全具足此六大。此六大之總和相涉無礙的德性遍滿法界，名摩訶毘盧遮那，即是好像日光遍照宇宙一樣，翻謂大日如來。吾們的身體精神都是祂幻化出來，故云六大毘盧即我身，這毘盧即是道，道即是創造萬物的原理，當然萬物即是道體。道體是無始無終之靈體，沒有時間空間之分界，是沒有過去現在未來，沒有東西南北，故云時窮三際的無量壽命者，因祂是整個宇宙為身，一切萬物的新陳代謝為命，永遠在創造為祂的事業，祂是孤單的不死人，祂以無量時空為身，沒有與第二者同居，是個絕對孤單的老人，故曰體合乾坤唯一人。

虛空法界我獨步，森羅萬象造化根，宇宙性命元靈祖，光被十方無故新。

祂在這無量無邊的虛空中自由活動，我是祂的大我法身位，祂容有無量無邊的六大體性，祂有無量無邊的心王心所，祂有無量無邊的萬象種子，祂以蒔種，以各不同的種子與以滋潤，普照光明，使其現象所濃縮之種性與以展現成為不同的萬物，用祂擁有的六大為其物體，用祂擁有的睿智精神（生其物）令各不同的萬物自由生活，是祂的大慈大悲之力，祂是萬象的造化之根源，是宇宙性命的大元靈之祖，萬物生從何來？即從此來，死從何去？死即歸於彼處，祂的本身是光，萬物依此光而有，但此光是窮三際的無量壽光，這光常住而遍照十方，沒有新舊的差別。凡夫因執於時方，故有過去現在未來的三際，有東西南北上下的十方觀念，吾人若住於虛空中，即三際十方都沒有了。物質在新陳代謝中凡夫看來有新舊交替，這好像機械的水箱依其循環，進入來為新，排出去為舊，根本其水都沒有新舊可言。依代謝而有時空，有時空而有壽命長短的觀念，人們因有人法之執，故不能窺其全體，故迷於現象而常沉苦海無有出期。

隱顯莫測神最妙，璇轉日月貫古今，貪瞋煩惱我密號，生殺威權我自興。

毘盧遮那法身如來的作業名羯磨力，祂從其所有的種子注予生命力，使其各類各各需要的成分發揮變成各具的德性呈現各其本誓的形體及色彩、味道，將其遺傳基因寓於種子之中，使其繁衍子孫，這源動力還是元靈祖所賜。故在一期一定的過程後而隱沒，種子由代替前代而再出現，這種推動力完全是大我靈體之羯磨力，凡夫看來的確太神奇了、太微妙了。不但造化萬物，連太空中的日月星宿亦是祂的力量所支配而璿轉不休息，祂這樣施與大慈悲心造宇宙萬象沒有代價，真是父母心，吾們是祂的子孫，卻不能荷負祂的使命施與大慈悲心，迷途的眾生真是辜負祂老人家的本誓的大不孝之罪。祂的大慈悲心是大貪，眾生負祂的本誓，祂會生氣，這是祂的大瞋，但眾生還在不知不覺的行為中，如有怨嘆，祂都不理而致之，還是賜我們眾生好好地生活著，這是祂的大癡，這貪瞋癡是祂的心理、祂本有的德性，本來具有的、是祂的密號。祂在創造中不斷地成就眾生的成熟。如菓子初生的時只有發育，不到成熟不能食，故未成熟的菓子是苦澀的，到了長大時必須使其成熟故應與以殺氣才能成熟，有生就應有殺，加了殺氣之後成熟了，菓子就掉下來，以世間看來是死，故有生必有死，這種生殺的權柄是祂獨有，萬物皆然，是祂自然興起的，故云生殺威權我自興。祂恐怕其創造落空，不斷地動祂的腦筋使其創造不空成就，這些都是祂為眾生的煩惱。這煩惱還是祂老人家的本誓云密號，本有功德也。

六道輪回戲三昧，三界匯納在一心，魑魅魍魎邪精怪，妄為執著意生身。

大我體性的創造中有動物植物礦物，動物有人類，禽獸，水族，蟲類等具有感情性欲之類，植物乃草木具有繁衍子孫之類，礦物即礦物之類。其中人類的各種機能組織特別靈敏，感情愛欲思考經驗特別發達，故為萬物之靈長，原始時代大概相安無事的，到了文明發達就創了禮教，有了禮教擬將教化使其反璞歸真，創了教條束縛其不致出規守其本分，卻反造成越規了，這禮教包括一切之法律，法律並非道之造化法律，故百密一漏之處在所難免，有的法律是保護帝王萬世千秋不被他人違背而設的，不一定對於人類自由思考有幫助，所以越嚴格越出規，所以古人設禮出有大偽，人類越文明越不守本分，欲望橫飛要衝出自由，自由是萬物之特權之性，因此犯了法律就成犯罪。罪是法沒有自性的，看所犯之輕重論處，或罰款或勞役或坐牢，期間屆滿就無罪了。但犯了公約之法律或逃出法網不被發現，其人必會悔而自責，誓不復犯，那麼此人的心意識就有洗滌潛意識的某程度，此人必定還會死後再生為人，若不知懺悔但心中還常感苦煩，死後一定墮地獄，若犯罪畏罪而逃不敢面對現實，心中恐懼怕人發現，這種心意識死後會墮於畜生道。若人欲望熾盛欲火衝冠，死後必定墮入餓鬼道。若人作善意欲求福報死後會生於天道，人心是不定性的，所以在六道中出歿沒有了時，因為它是凡夫不悟真理才會感受苦境。苦樂感受是三界中事，若果修行悟了道之本體，與道合一入我我入，成為乾坤一人的境界，向下觀此大道即是虛出歿的現象，都是大我的三昧遊戲罷了，能感受所感受的三界都是心，不但三界，十界亦是心，故三界匯納在一心。魑魅魍魎邪精怪是山川木石等孕育天地之靈氣，然後受了動物之精液幻成，受了人之精液即能變為人形，受了猴之精液變猴，其他類推，這種怪物即是魔鬼，它不會因過失而懺悔，任意胡為，它的心是一種執著意識，以其意而幻形，此名意成身，幻形有三條件，一是幽質，二是念朔材質，三是物質，比如說我們要畫圖，在紙上先想所畫之物，這是幽質，未動筆時紙上先有其形了，其次提起鉛筆繪個形起稿，此即念朔材質，次取來彩色塗上，就變成立體之相，幾可亂真了。

喑啞蒙聾殘廢疾，病魔纏縛自迷因，心生覺了生是佛，心佛未覺佛是生。

人們自出生時或出生了後，罹了喑啞、或眼盲、或耳聾或殘廢疾病，都與前生所作的心識有關，過去世做了令人憤怒而被打了咽喉、或眼目、或殘廢、或致了病入膏肓而死，自己還不能懺悔，心中常存怨恨，這種潛意識帶來轉生，其遺傳基因被其破壞，或在胎內或出生後會現其相。前生若能以般若來觀照五蘊皆空，即可洗滌前愆甚至解縛證道，眾生因不解宇宙真理，執著人法故此也。人們的造惡業亦是心，心生執著而不自覺即迷沉苦海，若果了悟此心本來是佛性，心生迷境而能自覺了，心即回歸本來面目，那個時候迷的眾生就是佛了。這心就是佛，因眾生迷而不覺故佛亦變眾生，是迷悟之一念間，人們應該在心之起念間要反觀自照以免隨波著流。

罪福本空無自性，原來性空無所憑，我道一覺超生死，慧光朗照病除根。

罪是違背公約的代價，福是善行的人間代價，這都是人我之間的現象界之法，在佛性之中都沒有此物，六道輪迴之中的諸心所法是人生舞台的法，人們只迷於舞台之法，未透視演戲之人，戲是假的演員是真的，任你演什麼奸忠角色，對於演員本身是毫不相關的，現象無論怎麼演變，其本來佛性是如如不動的，所以世間之罪福無自性，原來其性本空，沒有什麼法可憑依。戲劇中之盛衰生死貧富根本與佛性的演員都沒有一回事。《法華經》中的〈譬喻品〉有長者子的寓意故事，有位長者之子本來是無量財富，因出去玩耍被其他的孩子帶走，以致迷失不知回家，成為流浪兒，到了長大還不知其家，亦不認得其父母，父母還是思念，但迷兒流浪了終於受傭於其家為奴，雙方都不知是父子關係，有一天來了一位和尚，是有神通的大德，對其父子說你們原來是父子，那個時候當場互為相認，即時回復父子關係，子就可以繼承父親的財產了。未知之前其子還是貧窮的，了知之後就成富家兒了，故喻迷沉生死苦海的眾生若能被了悟的大德指導，一覺大我之道就超生死迷境了。了生死是瞭解生死之法本來迷境，這了悟就是智慧，智慧之光朗照，即業力的幻化迷境就消失，病魔之根就根除了。

阿字門中本不生，吽開不二絕思陳，五蘊非真業非有，能所俱泯斷主賓。

阿字門即是涅盤體，是不生不滅的佛性本體，了知諸法自性本空沒有實體，眾生迷於人法，《金剛般若經》中說的四相，我相、人相、眾生相、壽者相，凡夫迷著以為實有，四相完全是戲論，佛陀教吾們要反觀內照，了知現象即實在，要將現象融入真理，我與道同在，我與法身佛入我我入成為不二的境界，這不二的境界是絕了思考的起沒，滅了言語念頭，靈明獨耀之境界，所有的五蘊是假的，這五蘊堅固就是世間所云之靈魂，有這靈魂就要輪迴六趣了，有五蘊就有能思與所思的主賓關係，變成心所諸法而執著，能所主賓斷了，心如虛空，心如虛空故與道合一，即時回歸不生不滅的阿字門。不然的話，迷著於色聲香味觸之法而認為真，故生起貪愛、瞋恚、愚癡等眾蓋佛性，起了生死苦樂感受。諸法是戲論，佛性不是戲論，佛陀教吾們不可認賊為父。

了知三世一切佛，應觀法界性一真，一念不生三三昧，我法二空佛印心。

應該知道三世一切的覺者是怎樣成佛的。要了知一個端的應觀這法界森羅萬象是一真實的涅槃性所現，這是過去佛現在佛未來佛共同所修觀的方法，一念生萬法現，一念若不生就是包括了無我、無相、無願三種三昧，這種三昧是心空，不是無知覺，是視之不見、聽之不聞的靈覺境界，此乃一真法性當體之狀態，我執法執俱空即是入我我入，佛心即我心，我心即佛心，達到這境界即入禪定，禪是體，定是心不起，二而一，眾生成佛。釋迦拈花迦葉微笑即此端的，因為迦葉等五百羅漢，均是不發大心的外道思想意識潛在，故開了方便手拈畢波羅花輾動，大眾均不知用意，但都啞然一念不生注視著，這端的當體即佛性本來面目，可惜錯過機會，只有迦葉微笑表示領悟，自此別開一門的無字法門禪宗，見了性後不能發大心都是獨善其身的自了漢。

菩薩金剛我眷屬，三緣無住起悲心，天龍八部隨心所，神通變化攝鬼神。

羅漢在高山打蓋睡，菩薩落荒草，佛在世間不離世間覺，羅漢入定不管世事眾生宛如在高山睡覺，定力到極限的時候就醒來，會起了念頭，就墮下來了，菩薩是了悟眾生本質即佛德，已知迷是苦海，覺悟即極樂，菩薩已徹底了悟了，它就不怕生死，留惑潤生，拯救沉沒海中的眾生，如人已知水性了，入於水中會游泳，苦海變成泳池，眾生是不知水性故會沉溺，菩薩入於眾生群中，猶如一支好花入於蔓草之中，鶴立雞群，一支獨秀。佛世間、眾生世間、器世間，都是法界體性所現，在世間覺悟道理了，就是佛，所以佛在世間並無離開世間。佛是世間眾生的覺悟者，菩薩為度眾生而開方便法門，但有頑固的眾生不受教訓，菩薩就起了忿怒相責罰，這就是金剛，這是大慈大悲的佛心所流露之心所，其體即佛，心王心所是佛之眷屬，這種大慈大悲的教化眾生之心所，是沒有能度所度及功勞的心，無住生心，歸納起來菩薩金剛都是大悲毘盧遮那之心。此心即佛心，要度天或鬼神就變化同其趣。如天要降雨露均沾法界眾生就變天龍，要守護法界眾生就變八部神將，都是大日如來心所所流出的。祂的神通變化是莫測的，不但能度的菩薩金剛，連鬼神之類亦是毘盧遮那普門之一德，普門之多的總和即總持，入了總持即普門之德具備，這總持即是心。

無限色聲我實相，文賢加持重重身，聽我法句認諦理，一轉彈指立歸真。

心是宇宙心，心包太虛，太虛之中有無量基因德性，無量基因德性即普門，色即現前之法，聲即法相之語，語即道之本體，有其聲必有其物，有其物即有其色相，無限的基因德性，顯現無限不同法相，能認識之本體即佛性智德，顯現法相之理即理德，智德曰文殊，理德曰普賢，法界之森羅萬象即此理智冥加之德，無量無邊之理德及無量無邊之智德，無論一草一木都是此妙諦重重冥加的總和，只是基因德性之不同，顯現之物或法都是各各完成其任務之相。若不如是萬物即呈現清一色、一味、一相，都沒有各各之使命標幟了。這無限無量的基因德性曰功德，這功德都藏於一心之如來藏中，凡夫不知故認後天收入的塵法為真，將真與假合璧，成為阿賴耶識，自此沉迷三界苦海了，人們若果聽了這道理而覺悟，即不起於座立地成佛了。

—完—

智理文化系列

「梵字悉曇」研經系列之一：佛說摩訶般若波羅蜜多心經

作者

張少強（玄蒔）

編輯

光明王密教學會

美術統籌

莫道文

美術設計

曾慶文

出版者

資本文化有限公司

地址：香港中環康樂廣場1號怡和大廈33樓3318室
電話：(852) 2850 7799
電郵：info@capital-culture.com
網址：www.capital-culture.com

鳴謝

宏天印刷有限公司

地址：香港柴灣利眾街40號富誠工業大廈A座15字樓A1, A2室
電話：(852) 2657 5266

出版日期

2022年7月第一次印刷

ISBN 978-988-79157-8-2
Published in Hong Kong